記憶力日本一を5度獲った私の奇跡のメモ術

池田義博

GENTOSHA

はじめに

本当はすごい！　メモの威力

一般に「メモ」と聞くと、情報を書き留めておくだけの単なる備忘録と思われているふしがあります。

ましてやメモが自分のスキルアップになると考えている人はわりと少ないのではないでしょうか。

しかし使いようによってはメモというものはものすごい威力を発揮する思考ツールになり得るのです。

何かを覚えるため、知的生産、アイデア発想、目標達成、さらには脳の力を鍛えるトレーニングとしての利用価値もあります。

ただし何の考えもなく、その場その場でただ書き付けているだけではメモからの恩恵を受けることは期待できません。

メモを最大限に活かすためにはそれぞれの目的に応じた適切な書き方、使い方というものがあるのです。

記憶力チャンピオンになれた秘訣はメモにある

私について少し紹介させていただくと、2018年の時点で5度ほど記憶力日本一になることができました。

何をもって記憶力日本一なのかと思われるかもしれませんが、年に一度、記憶力日本選手権大会と銘打って記憶力を競う大会が開催されていて、そこで優勝して初めて日本一と名のることができるのです。

そういうと私が昔から記憶力に長けていたと思われるかもしれませんが、全くそんなことはありません。

純粋に見たまま、聞いたままを覚える能力は全く無く、記憶術という脳の記憶の仕組みを利用した方法を用いて覚えているだけです。

しかもそれに関わるようになったのは一般的に記憶力が衰え始めていると思われて

いる40代半ばです。

記憶競技の練習を開始した時点で、初めて出場する大会までの期間は約1年でした。短期間でよい成績をおさめるため戦略を立て、積極的に利用したのが実は「メモ」に代表されるような手を使って書くという行為だったのです。


記憶術を最大限に活かすにはあらかじめ、ある準備が必要になります。

例えば自分にとって馴染みのある場所である自宅のなかにあるものを先にたくさん記憶しておくといったことです。それらはテレビやベッドや冷蔵庫といった家のなかにあるアイテムで、頭のなかの記憶の保管場所として利用します。

このアイテムの数がたくさん頭に入っていればいるほど記憶術では有利となり、たくさんのものをそれらに貼りつけて覚えることができるのです。

そのために事前にアイテムを記憶しておく必要があるのですが覚える数は数百にものぼります。

それらを覚えるのに使ったのが手書きのノートでした。

さらに日々の練習の記録も表を作って毎日書き込むようにしました。数字以外にもその日の練習で気がついたことなどを書き込んでその後の練習にフィードバックするようにもしました。

そして少しずつ記録がよくなっていくことが目に見えてわかるので、そのことが練習を継続するためのモチベーションにもなったのです。

さらに記憶競技で好成績をおさめるためには、自分独自の記憶のテクニックも編み出す必要が出てきました。すでに世の中で知られていた記憶術以上のものが必要だったのです。

その方法は詳しく本書で紹介しますが、やはりメモを利用したものです。

なぜ手書きのメモにこだわるのか

なぜ手書きのメモにこだわるのかというとその理由は単純で、手書きの方が覚えることも含め学習には有効だからです。

例えば記憶であればそれが行われている場所は脳です。

とするならば覚えるときに脳が受ける刺激が強ければ強いほど、より記憶できるということです。

脳のなかで特に、知覚、思考、推理、記憶、自分の意思による運動などに関係している場所は「大脳」ですが、その大脳は身体の各部分と神経でつながっています。

そしてその大脳のなかで「手と指」に対応する領域は全体の3分の1にもなるのです。

このことから手や指を動かすことは、他の体の部分を動かすより、脳に一層の刺激がいくことがおわかりいただけると思います。

しかし、それならばPCなどの電子機器も手や指先を使うのだからいいのではと思われるかもしれません。

これについてはいろいろな研究から手書きの方が記憶も含め学習には適しているという結果が出ています。

例えばプリンストン大学とカリフォルニア大学の研究者の共同論文によると、授業中のノートを手書きした場合とキーボードで打った場合を比較すると、手書きの方が授業内容の理解を深め、記憶にとどめる効果が高いことが報告されています。

どんなものを使っているのか

ここで私がメモを思考ツールにするために普段使っているグッズをいくつか紹介したいと思います。

ノート（方眼タイプと無地タイプ）

ノートは方眼タイプと無地タイプの2種類を使用しています。

○方眼タイプ
中村印刷所 水平開き（ナカプリバイン）5㎜方眼30枚 B5、オキナ プロジェクトリングノート 5㎜方眼 50枚 A4

○無地タイプ
マルマン ノート ニーモシネ 特殊無地 70枚 A4

ペン

ペンは主に次の3種類を使います。

○普段使い
三菱鉛筆 油性ボールペン ジェットストリーム スタンダード 0.7㎜（青と赤）

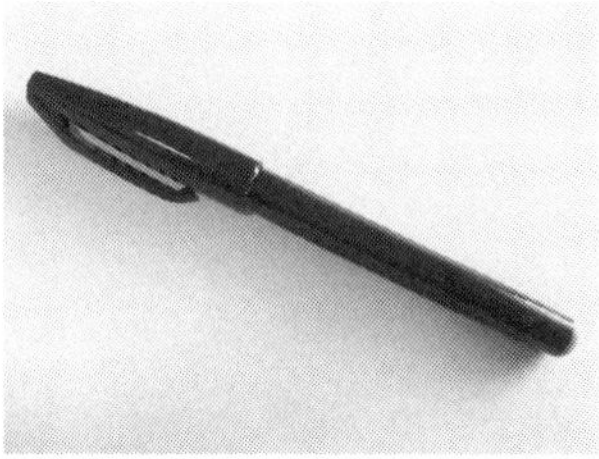

○太字
ぺんてる 水性ペン サインペン
S520-CD 青

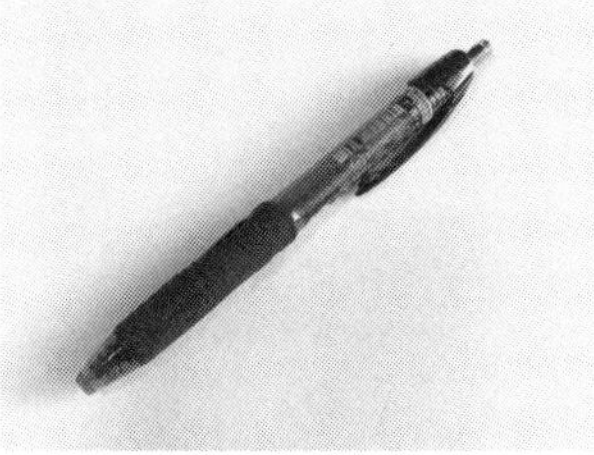

○お風呂場での使用
三菱鉛筆 加圧ボールペン
パワータンク スタンダード 0.7㎜
SN-200PT-07 青

メモ帳

メモ帳はお風呂場に持ち込みたいので防水加工のものを使っています。

オキナ プロジェクト耐水メモ
5㎜方眼 40枚 B7

その他

コピー用紙（A4）
ホワイトボード
ボイスレコーダー　等々

テクノロジーの時代にあえて自分の手を使う理由

現在、巷《ちまた》にはＰＣをはじめタブレット端末、スマートフォンというように電子機器があふれています。

当然情報を記録することもできますし、インターネットにつながっていれば世界中から様々な情報を瞬時に調べ出すことも可能な便利な道具です。

確かに仕事の面でも、勉強に関してもそれらを利用する機会は増えてきていて、私自身もその恩恵を受けているひとりです。

しかし、本書を手に取られた方は、どんな分野においても最後に頼りになるのはやはり自分自身の頭のなかに入っていて、いつでも取り出すことができる情報ではないかとの思いがあるのではないでしょうか。

その直感は正しいと私は思います。

世の中が思考力重視の風潮になってしばらく経ちますが、思考力もその材料となる情報が頭のなかに乏しければ、養えるはずもないからです。

私自身が記憶、ひいては脳に興味がある点もそこにあります。

人の脳は機械のレコーダーとは違い、別々に入れた情報を有機的に結びつけ新しいアイデアや思考を生み出す力があるのです。

そういう意味ではどんなにテクノロジーが発達したとしても人間の記憶の価値はずっと変わらないと考えています。

ぜひメモを有効利用して最強の思考ツールとし、スキルや「脳力」をさらにアップさせてください。

本書が少しでもお役に立てるならばこれほどの喜びはありません。

記憶力日本一を5度獲った私の奇跡のメモ術　目次

第1章 忘れないメモ術

第4章 やりぬく力をつけるメモ術

第5章 ―― 脳を鍛える「書く」トレーニング

装幀　新井大輔
本文図版・DTP　美創

第1章

忘れない
メモ術

1-1 覚えたいならマス目があるメモがベスト

皆さんはどんな手帳やノートを使っていますか？

私自身はメモの目的ごとに手帳やノートを使いわけています。

その目的には大きくわけて2つあります。

ひとつはどんどん発想を広げていくための、いわゆる「水平思考」が主たる目的のときと、もうひとつは結論を出すための「論理思考」が主であるときの2つです。

その2つにどんな違いがあるかといえば、簡単にいうと発想を広げていくときにはページが無地のもの、考えをまとめていきたいときにはマス目のついたものを使用しています。

発想を広げるときには意識の妨げになるようなものはできるだけなくしておきたいのです。

私自身の考えとしては、人は空間を認知する能力に長けているため、ページに罫線やマス目など目印があると無意識のうちに枠を決め、書き込む範囲を限定してしまう気がするのです。

それらの特性は悪いことではなく、線、特にマス目がついているものは考えをひとつの方向に持っていくのに適していると考えています。

論理的に考えるためには、視覚的にも秩序があるものの方が思考の整理を助けてくれるのです。

例えば書かれたそれぞれの項目の先頭の列が揃っていたり、次の項目との間隔が同じであったり。マス目がついていればそれを目安にきちんと揃えることができます。

その結果雑然と書き込まれた情報に比べれば、思考の流れをスムーズに進めることができます。

またロジックツリーやピラミッドストラクチャーのように情報を枠で囲んだりして視覚的にわかりやすく整理するときにもマス目があるととても便利です。

それにマス目を使えば図形を書き込むのにも役立ちます。

グラフや立体図形などを書き込みたいときはマス目が形を整えたり描き込む位置を決める助けをしてくれます。

このように大きくいうと思考の発散、収束という見方でわけているのですが、それでは書いた内容を覚えたい、記憶したい、というときにはどちらの方が適しているのでしょうか。

書いた情報を覚えるためには断然マス目がある方に分があります。

その理由は脳の記憶の仕組みにあります。

記憶には「エピソード記憶」というものがあります。本人にとってインパクトのある経験はより強く記憶に残るのですが、こういう記憶の種類をエピソード記憶といいます。この記憶は単に文字だけで何かを覚えようとするよりも断然記憶に定着しやすく、また思い出すことも容易なのです。

マス目が入っている紙を使うと無地のものに書くときよりも、エピソードにしやすいのです。それは書き込むときにマス目を利用して工夫するという工程が入るからです。

目的ごとにノートにこだわる

① マス目あり　**記憶力** ↗ **UP**

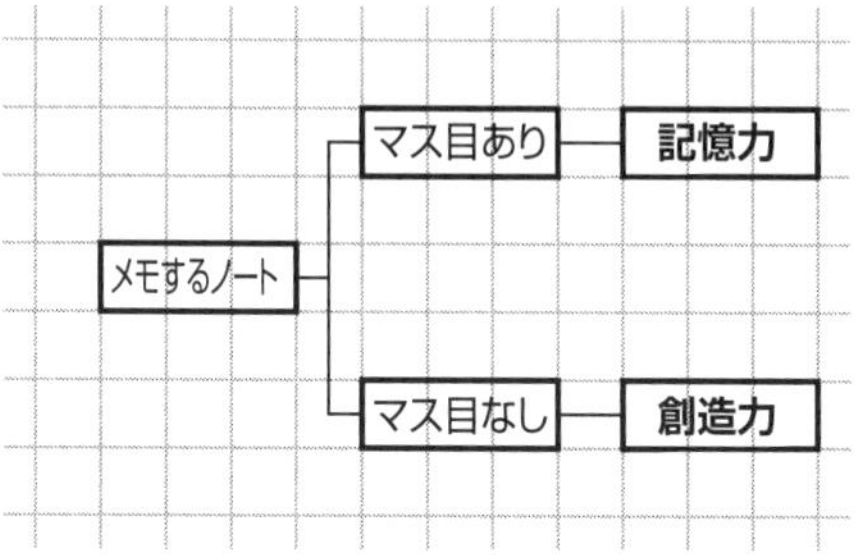

② マス目なし　**創造力** ↗ **UP**

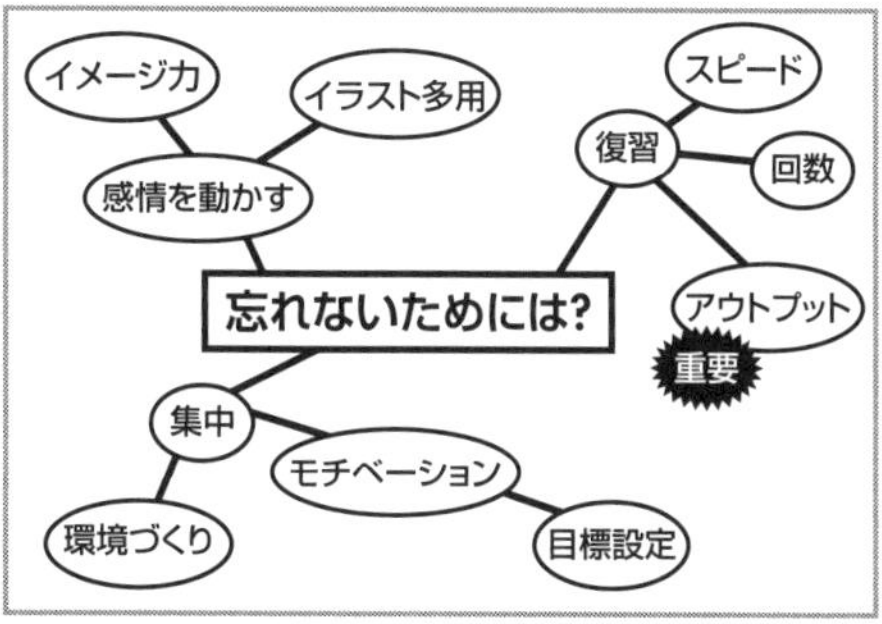

例えば文字を枠で囲ってわかりやすくしたり、補助の図やグラフを書き込むなどの行為自体がエピソードとなるため知らないうちに記憶が強化され、情報を思い出すときにもきっかけとなってくれるのです。

つまり工夫しようとする「意志」自体が知らないうちに記憶を促進させているのです。

1-2 メモは新鮮なうちに見直す

メモやノートをとったら安心してそのままにしていませんか？

メモ帳やノートに書いてしまえば、もうその情報が頭のなかにインプットされたと勘違いしがちです。

それではメモの価値を充分に活かすことはできません。メモを価値のあるものにするためにはなるべく早く見直すことが重要です。

なぜならメモは時間が経てば経つほど鮮度が落ちていってしまうからです。

メモをとる状況とは往々にして時間が限られているため、端的にポイントのみを書くことがほとんどです。

本来は、そのときの臨場感やインスピレーション、浮かんだイメージなどが同時に存在するのですが、それらを同時にすべて表現するのはほぼ不可能なので必要最低限の情報のみを文字で記入することになります。

しかし実はこういった付随した要素がメモにとってはとても大切なのです。

メモをとっているときの雰囲気や感情が思い出せると、そのときに連想したアイデアや考え、疑問点などが芋づる式に思い出せるからです。

そうなるとそのメモからさらに思考を発展させることができます。このように次につながる情報となるのが価値のあるメモということです。

時間をあけずにメモが新鮮なうちに見直すと記憶もまだフレッシュな状態なので、付随する情報も思い出しやすいのです。

ところが時間をあけてしまうと目に見えないこれらの情報は時間とともに急激に記憶から消えて行くことになります。

あとからそのメモの文字を読んでも、これがなぜ重要なのか、とか、ひどいときには何のことを書いているかさえ思い出せないことがあります。

それではメモをとる意味がありません。

ならばどのぐらいのタイミングでメモを見直せばよいのでしょうか。

記憶にはタイムリミットがある

エビングハウスの忘却曲線

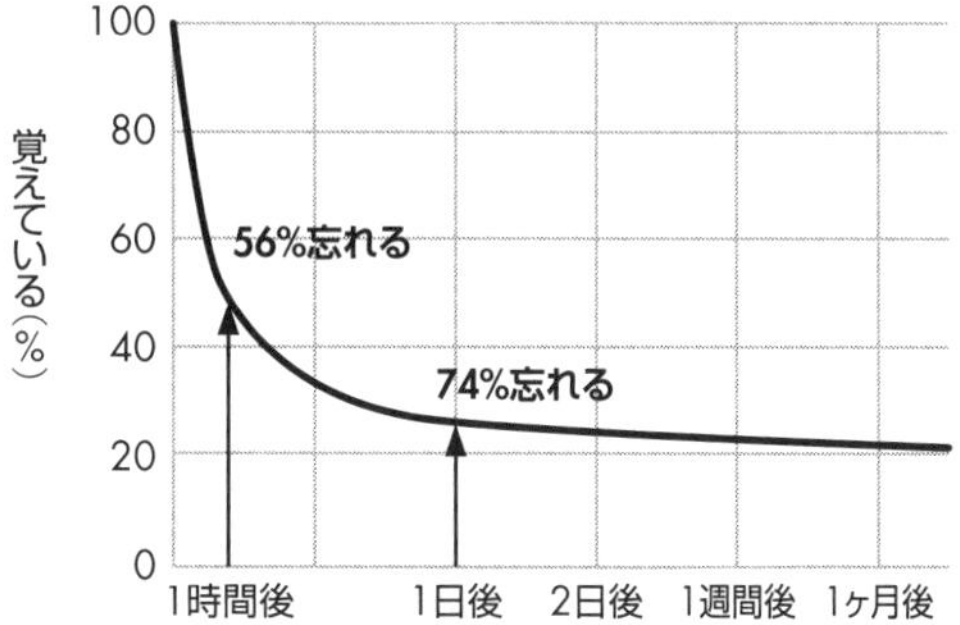

1日の終わりにメモを見直す
習慣をつける

記憶の定着率UP

見直す習慣ができないうちは、
スマホのリマインダーがオススメ

メモ見直しを
習慣化で記憶力UP

そのヒントを教えてくれる、ある記憶の実験があります。

エビングハウスという心理学者が行った実験によると、人の記憶は１００％覚えた時点から20分後に約42％、1時間後では約56％、そして1日経つと約74％もの記憶を忘却してしまうということです。

ただしこのデータは全く意味をなさないアルファベット3文字の文字列の記憶をもとにしているので、文字情報として意味のあるメモではもう少し忘却が緩やかかもしれませんが、傾向としては参考になるはずです。

ここからわかるのは、記憶というのはかなり初期の段階で急激に低下していくということです。

そこでメモは遅くとも次の日には見直すようにするべきです。

一度見直しておくと復習の効果が得られます。

復習すると、初めて覚えたときに比べて急激な記憶の低下を防ぐことができます。

つまりそこからは記憶の低下が緩やかになるので、さらに記憶の鮮度の保持期間を延ばせるのです。

私はうっかり見直すことを忘れるのを防止するためにスマートフォンを利用しています。

今ではカレンダーやタスク管理のアプリのほとんどにはリマインダーの機能がついています。これらのアプリを見直す時間になったらアラームで知らせるように設定しています。

そしてほぼ寝る前の時間を見直しに充てるようにしています。

しかしそこまでしてもうっかり見直す機会を逃してしまったとします。

そうなったときのために頭に入れておいて欲しいことがあります。

それは記憶には最終的な消費期限があるということです。

その期間はおよそ1ヶ月です。

1ヶ月の間、覚えた情報に対して、全く意識せずに放っておくと思い出そうとしてもほとんど思い出せない状態になってしまうので注意が必要です。

消したくない重要な記憶は1ヶ月のうちに復習するようにしてください。

1-3 記憶の手がかりを残す

前項でメモは鮮度が大切ということを話しました。

人の記憶は時間とともに急激に低下するので、それを防ぐためには間をあまりあけずに見直す必要があるということでした。

ここではさらに書いた内容をより思い出しやすくなる工夫を紹介します。

工夫といってもとても簡単です。

ひとつめはメモの先頭に必ず日付を記入しておくということです。

たかが日付？　と思うかもしれませんが、これがあるのとないのとではその後のメモの価値が全く変わってしまいます。

なんといっても日付がついていれば、それを書いたときの自分の置かれた状況を思い出すことができ、それがトリガーになってそのときに書いたメモの文脈をより鮮明に伝えてくれることになります。

これがいつ書いたかわからないメモだと、そのときの「思い」のようなものを引き出すことができないため、単なる文字情報となり価値を見落としてしまうことだってありえます。

こうして日付から、そのときの自分の立場はどうだったか、どんな心境で生活していたか、何に関心があったかなどを思い出せればそれに越したことはありませんが、日付を見てもあまりピンと来ないときもあります。そんなときのための奥の手があります。

今ではほとんどの人が何らかのSNS（ソーシャル・ネットワーキング・サービス）を利用しています。

フェイスブックであれツイッターであれ、それ以外のサービスでも自分の発信した情報が日付とともに残っています。

そこでメモの日付付近の自分の発信した情報を見てみるのです。

するとその時点で自分がどういうことを考えていたのかを思い出す手がかりとなっ

てくれるのです。

またそれ以外にもメモを書いたときの臨場感を思い出させる工夫があります。

例えば会議中に書いたメモであればその会議に出席していた人たちの座席の配置を書いておくのです。セミナーなどに参加したときなども同じグループの人たちの座席の配置を名前とともに書いておくことをおすすめします。

あとでその座席表を見ることによって、その人の発言やその人から受けた印象を思い出すことでその場の臨場感が甦《よみがえ》ります。そうなるとそのときのメモに込められた思いも同時に浮かび上がってくるのです。

ここまでで気づいた方がいるかもしれませんが、これらもつまりは以前説明した「エピソード記憶」を作る工夫をしているのです。

人は何かを覚えるときに、同時に感情もいっしょに結びつけておくと強い記憶となり思い出しやすくなります。

しかしエピソード記憶の仕組みを利用できない状況もあったりします。

じっくりメモをとる時間がゆるされていないときなどです。

記憶の手がかりを残す

① 日付を記入する

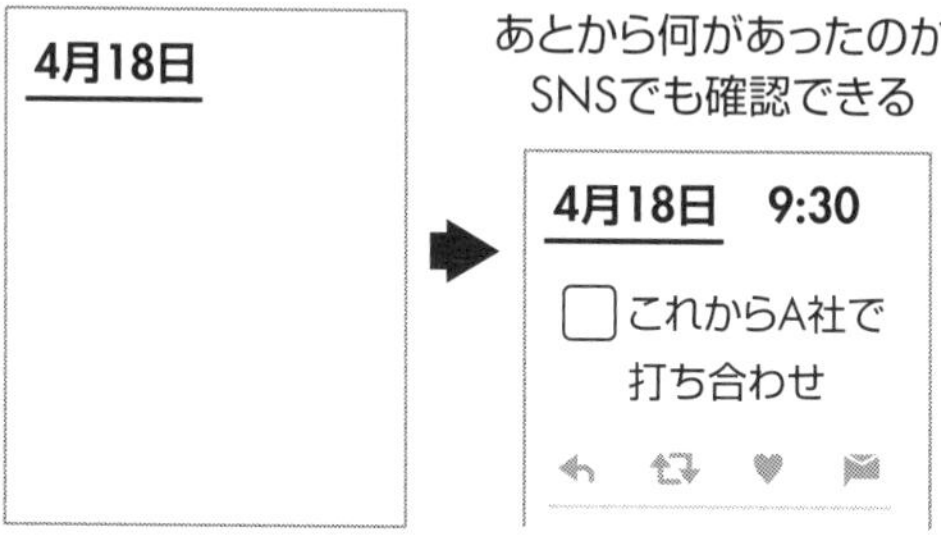

② 会議中のメンバー名を入れる

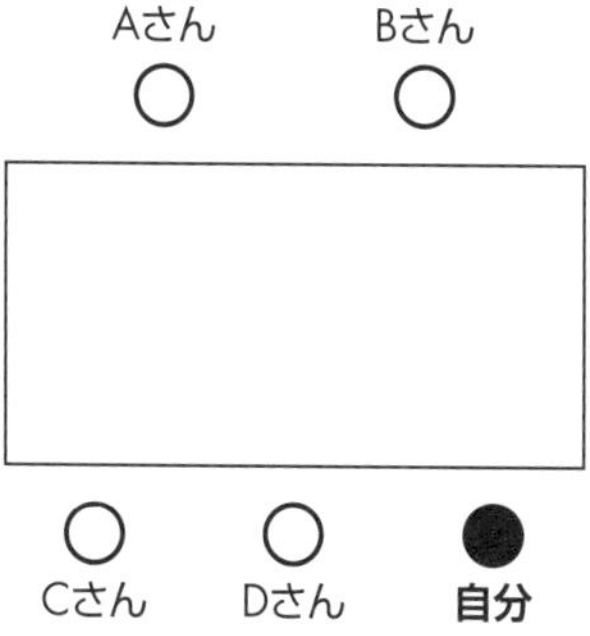

そんなときにはおのずとほぼキーワードだけを羅列したようなメモになることが多く、焦りもあるためあとから見直したときに何のことを言っているのか思い出せないケースもあったりします。

こういう場合の対処法として、あらかじめ忘れることを前提としてあとから思い出せるようにその手段を併記しておくという方法があります。

現状の自分の頭の中身と関係ないものなどをメモするはずはないので、必ず周囲に思い出すヒントがあるはずです。

自分のＰＣのなかのデータや持っている本の内容と関係があるから書いたかもしれないし、後でインターネットで調べるためのキーワードとして書いたのかもしれません。

そこであらかじめＰＣと関係があるメモならその横にモニターを表す四角のマーク、本であればそれとわかる簡単なマークを描いておくのはどうでしょうか。

インターネットならＷＷＷ（ワールド・ワイド・ウェブ）のＷとか@などといった具合です。

さらに奥の手として、あとでメモをとったときの状況とメモの内容を話したときに答えをくれそうな人物の名前を横に書いておくのもありだと思います。

忘れることを前提とした対策ですが、自分の今の環境と関係づけて考えながら書いたメモですのでかえってそれが意識を高め案外忘れない効果があるかもしれません。

1-4 ペンは2色しか使わない

学生時代に私の周りに何色ものペンを使ってノートをとったり、テキストも色とりどりのマーカーなどでラインを引いたりしていた友人がいました。

見た目は確かにカラフルできれいです。それに彼らなりに色分けのルールなどもあったのでしょう。

しかし実際に勉強の効果はあったのかは甚だ疑問です。

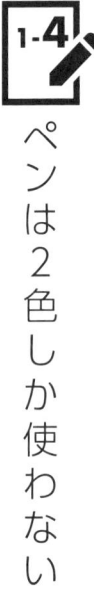

本来はノートや、テキストの重要項目に印をつけたりする行為は、その内容を理解して、覚え、身につける目的のためにあると思うのですが、彼らの目的は無意識なのでしょうが別のところに設定されていた気がします。

本人たちは違うというかもしれませんが、アートのような存在としてノートやテキストがあり、それに手を加えて、きれいな作品になることに達成感があったのではないでしょうか。

しかし反対にすべて黒色のみのノートというのも印象が薄い気がします。

それならば色はいくつ使うのがよいのか悩むところですが、私自身は基本色に青、そしてそれ以外は赤のみとし、トータル2色に限定して使っています。

2色に限定している理由はいくつかあります。

まずは書いた内容を「覚える」という点からみると、たくさんの色を使ったからといって有利にはならないと考えるからです。

要するに色は記憶を引き出すきっかけにはならないのです。

きっかけとなるのは前項までにお伝えしてきた「日付」や「イメージ」や、後で見直したときに、できるだけわかりやすくするための「書き方の工夫」といった、エピソードになるような要素なのです。

それ以外にも効率の面が挙げられます。

メモやノートをとるときはある意味、時間との勝負のようなところがあります。

そんなときにどんな色を使うか、などに思考の時間を割かれるのは非常にもったいないと思うのです。

それよりも重要なところは枠で囲んだり、二重丸や星を記入したり、メモの順番を矢印で示したりといった工夫の方が、思考の流れに即して同時進行でメモやノートをとることができます。

このような理由から私は基本の色に青、そしてポイントとなる部分に赤の2色のみを使っているのです。

メインの色に黒色ではなく青色を使う理由は主に精神的な面からきています。

青という色は、心理学的に心を落ち着かせてくれて集中力を高めてくれる色なのです。

いつも冷静に集中して思考ができるようにという思いも込めています。

それに単純にブルーのクールな感覚がよいアイデアを生み出してくれるような期待もさせてくれます。外資系コンサルティング会社のコンサルタントも青ペンを使ったりしているようですし、形から入るというのも気持ちをアップさせてくれる大切な要素です。

メモに使う色は2色だけ

青色

メイン の色。
心を落ち着かせる
効果がある。

赤色

ポイントの色。

たくさんの色を使うよりも

「◎ ☆ □ →」

を使って工夫する

英単語を効率よく覚えるには……

●ゴロあわせを使う

◎復習する → スピード重視 / ☆薄い記憶を重ねて厚くする

◎アウトプットする → 音読する / ☆単語カードを利用する

●運動を習慣化
●質のよい睡眠
→ 脳自体の健康

また使うペンにもこだわりがあります。

書こうと思ったときにインクがかすれずにすぐに書き出せる、そして書き心地もなめらか。細かいようですが書くためのストレスを少しでもなくすためにこれらの要素を重視しています。

そこで私は、青色、赤色ともに、三菱鉛筆の油性ボールペン「ジェットストリーム」の0・7ミリを主に使用しています（9頁参照）。

本書で後述する思考法で出てくるような少し大きめの紙に大きく文字を書くときには、ぺんてるの青の水性サインペンが使いやすく安価なのでたくさん用意しています。

1-5 書いた内容を人に説明する

メモやノートをとる一番の目的は何と言っても書き込んだ情報を「ものにする」ことではないでしょうか。

ものにするとは内容を理解し記憶に定着させ、仕事や勉強など自分にとって価値がある目的に利用できる情報にするということです。

これにも脳の記憶の仕組みが利用できます。

学生の皆さんは今のクラスのことを、社会人の皆さんは学生時代の頃を思い出してみてください。

わからない内容をクラスのなかで成績が優秀な友人に教えてもらったことはないですか。もしくはあなた自身が教える側だったかもしれませんが、その場合はこれから言うことはすでに理解しているはずです。

優秀な友人に教えてもらった経験がある人はそのときの相手の対応はどうだったでしょうか。たぶんとても丁寧に教えてくれたのではないでしょうか。

少なくとも「そんなこと自分で考えろ」など冷たい態度ではなかったと思われます。

なぜそう言えるかというと、得てして成績が優秀な人たちは「人に教える」という行為が自分の理解を深めて、さらに記憶を定着させるための非常に有効な手段だと感覚的にわかっているからです。

人に教えることが学習の効果として最適なのは、そのなかに記憶を強化する仕組みが自然と組み込まれているからです。

まずは「情報の整理」です。

人にわかりやすく教えるためには、自分のなかで内容を系統立てて、整理しておく必要があります。そのレベルになっていないと理解力が違う相手に内容を伝えるのは難しいのです。

また仮にその時点で知識が断片的な形だったとしても、教えているうちに頭のなかで整理されるという利点もあります。

人に教えることが学習効果を強化する

書いたことは
とりあえず説明する

▼

うまく話せなくても、それが
エピソード記憶になるのでOK

個別に頭に入れた情報はなかなか思い出しづらいものですが、それぞれの関係性を整理してお互いの結びつき方もいっしょに覚えておけば、思い出すときに連想が働き芋づる式に思い出すことができるのです。

同じ情報量を頭に入れるのならばバラバラに覚えるよりも、それぞれ関係性を理解して覚えている記憶の方が思い出しやすい、使える記憶になるということです。

また一度情報を整理してみると自分の知識や理解が不足している箇所が浮き彫りになります。

するとそこがその時点での自分の弱点とわかり重点的に補強してやればさらに漏れがなくなることになります。

そしてまたしてもここで「エピソード記憶」が関係します。

脳は文字で書かれた知識の情報の記憶「意味記憶」よりも、自分が体験、経験した記憶「エピソード記憶」の方が断然強く記憶に残るのです。

人に教えるという行為はまさにエピソードです。この教えたというエピソードを思い出すと、それをきっかけにその思い出のなかに含まれる教えた内容もいっしょに思い出すことができるというわけです。

教えるときに、うまく説明できなかったと悔やむ必要はありません。そのうまく教えることができなくて悔しかったというエピソードも、思い出すときのきっかけにしてしまえばよいのですから。

1-6 記憶の最強学習法はカードメモ

学生時代にこんな経験はないですか。

テキストやノートの重要な箇所にマーカーを引き、完璧に頭に入ったと思っていたのに、本番のテストを受けてみると思い出すことができなかったようなことが。

ページをめくってその箇所にくると「ああこれね」「すでに完璧」と確かに頭に入っているとそのときは感じていたのですが、なぜか本番では出てこない。

これはある心理的な罠にはまってしまったのです。

ある情報に対して素早く処理できる能力のことを心理学的に「流暢性《りゅうちょうせい》」と呼びます。

先程の例でいうとテキストを眺めていて、各重要項目をその場ですぐに思い出せたという事実のことです。

これが実は記憶の罠なのです。

その場ですぐに思い出せたので、その情報は完璧に記憶できたと勘違いしてしまったのです。

本章のはじめの方でもいったように記憶というものは確実に定着するまでは自然に忘却していくものです。

それが、「もう完璧」と錯覚してしまったために定着に必要な復習の回数が足りていなかったのです。

それともうひとつ、ただ眺めていたこともよくありません。

気づかないうちにテキストやノートの流れやそのページのなかの位置関係といったそこ限定の形式で覚えていた可能性もあります。

当然ながら本番はテキストどおりには出題されないため思い出すことができないというわけです。

これらを防ぎ確実に記憶に定着させる方法が存在します。

記憶学習においては最強と呼んでいいかもしれません。

その方法を学習心理学では「想起練習」と呼びます。

先程のテキストにマーカーを引く覚え方には基本的にこの想起練習が欠けているのです。

ではは何が想起練習にあたるのかというとそれは「記憶を呼び出して本当に頭に入っているか確認する」作業のことです。

この作業をすることによって記憶の定着が促進されるのです。

「記憶を呼びおこす」という行為を必然的に要求される学習法があります。

それが「単語カード」です。

英単語学習でよく使われますが表に英単語、裏に和訳を書き込む形で皆さんも使ったことがあるかもしれません。

何気なく使っていた単語カードでの学習が学習心理学的にも非常に理にかなった方法だったのです。

ノートでもこの想起練習の効果を意識した書き方はできます。

あらかじめページの右はじに線を引いて2列スペースを確保しておきます。

メインのノートをとったあとに、先程の2列の左側にノートの内容のなかから質問

カードメモが最強の理由

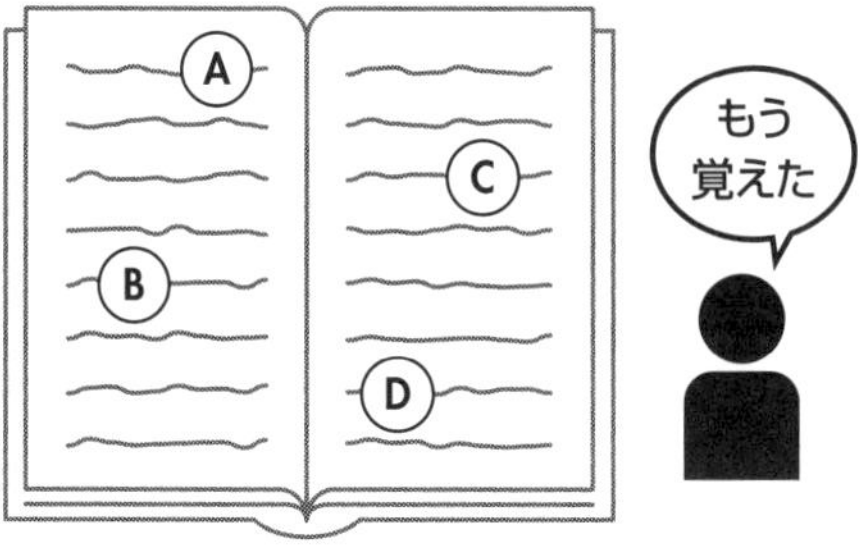

テキストやノートだと場所などで覚えたと錯覚しがち

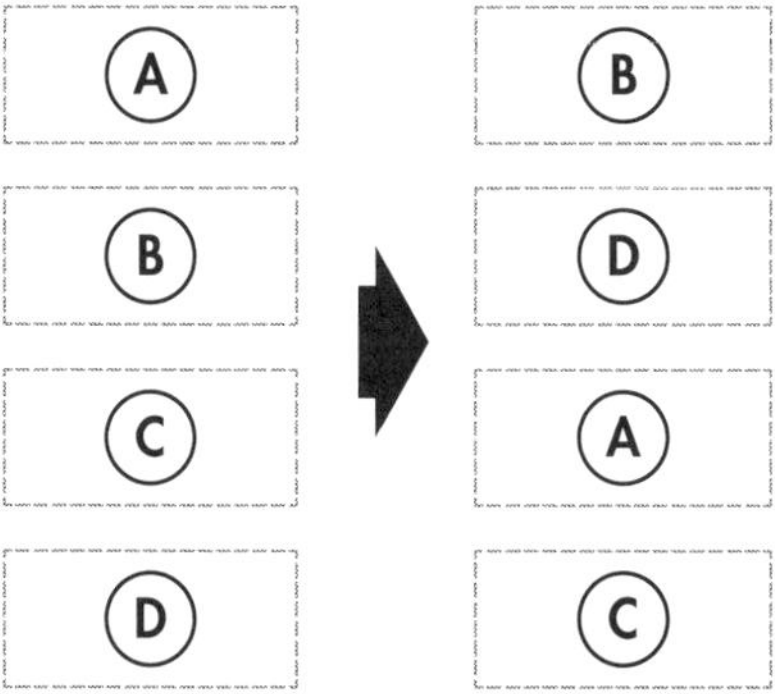

カードだと、入れかえたりして順番を自由にして暗記できるので、記憶したあとで思い出しやすい

想起率UP

を作り書き込みます。右には答えを書いておきます。

答えの列は下敷きや他のもので隠せば想起練習ノートとして利用できます。

話は変わりますが我々記憶競技の選手も準備にこの想起練習がかなり必要になってきます。前もって数字の0から99までにぬいぐるみ、サボテン、風船などといったその数字とは全く関係ない物をセットで覚えておく必要があるからです。

数字と物には関係性は全くないのでそういう意味では英単語と日本語の意味を覚えるのと似ています。

手書きからは離れますが、このような関係ないセットの事柄を想起練習を使って覚えるのに最適のアプリがあるのでここで紹介しておきます。

その名も「Ａｎｋｉ」といいます。

今まで単語カードといってきましたが、このタイプの教材は一般的に「フラッシュカード」と呼ばれています。この「Ａｎｋｉ」は自作のフラッシュカードが作れるアプリなのです。

文字を入力できるのは当然ですが、他にも画像や音声なども取り込むことができます。

そしてなんといっても、特筆すべきは復習のスケジュールを自動で組んでくれるところです。

記憶の定着が低いものはあまり時間をおかず、ほぼ定着されたものは時間をあけて復習のタイミングを設定してくれるのです。

その意味で想起練習を使って何かを覚えることに限っては「Ａｎｋｉ」の方に一日の長があるかもしれません。

非常に便利なアプリですので皆さんもよければ使ってみてください。

1-7 一度会ったら忘れない、顔と名前を覚えるメモ術

人の顔と名前を覚えるのにもメモは使えます。

仕事で初めて会って名刺をもらったときなどその名刺に直接書くか、もしくは手帳などに情報を書き込んでおけば、あとで思い出す手がかりになります。

ではそのメモにはどんな情報を書き込めばよいでしょう。

それにお答えする前にまずは人の顔と名前の覚え方を紹介します。

「人の顔と名前を覚えるにはどうしたらよいか」という相談を受けることが多いのですが記憶術を使う以前にまずは意識の問題があります。

意識とは覚えようとする意志のことです。

脳は「覚えよう」という意志を持つと記憶のスイッチをオンにしてくれるため、人と会う前には「顔と名前を覚えるぞ」という気持ちを持っているだけでかなり効果が

あります。そこに記憶術のテクニックを利用すれば効果は倍増します。

ここでは「ベイカーベイカーパラドックス」と呼ばれている心理現象を利用します。

2つのグループに同じ男性の写真を見せて、片方のグループにはこの人の名前は「ベイカー」さんです、と「名前」を覚えてもらい、もう一方のグループにはこの人の職業は「ベイカー（パン屋）」です、と「職業」を覚えてもらう実験を行いました。

どちらのグループも記憶したのは「ベイカー」という同じ情報です。

ただし一方は名前、もう一方は職業としての認識です。

そしてしばらく経ったあと、両者の記憶をテストしたところ、名前としての「ベイカー」は忘れてしまった人が多かったのに対し職業としての「ベイカー」はほとんど忘れた人がいなかったという結果になったのです。

これは単なる「文字」としての名前よりも相手の趣味や職業や癖といった「背景」の方が被験者たちの想像力を刺激し、強く記憶に残ることを物語っています。

そこで人の名前を覚える際にも、この心理特性を利用するわけです。

それでは手順にそって覚え方を説明していきます。

①相手の顔から受ける印象を心のなかで言語化する

相手の顔の印象、これは雰囲気でも特徴でも構いません。

例えば「上品そうな人だ」「怖そう」「○○さんに似ている」「色が白い」「まゆ毛が太い」「鼻が大きい」というレベルでOKです。

心のなかで言語化する作業によって感情が動き顔の印象が強く残ります。

②名前からその人の背景を勝手にイメージ化する

次に覚えにくい文字情報である名前を覚えやすいその人の背景に変えます。

これには大きく言って2つの方法があります。

まずひとつめは名前の文字からその人の趣味や職業などの「背景」を勝手に作ってしまうやり方です。名前の読み方からゴロ合わせを作ったり、名前に使われている漢字の意味を利用したりします。

例えば「望月」さんならばその読み方からダジャレで「もちつき」とし「趣味は餅つき」と勝手に決めてしまい、その人が杵《きね》を持って餅つきをしている姿を想像するの

人の顔を覚える工夫

① 印象を言語化する

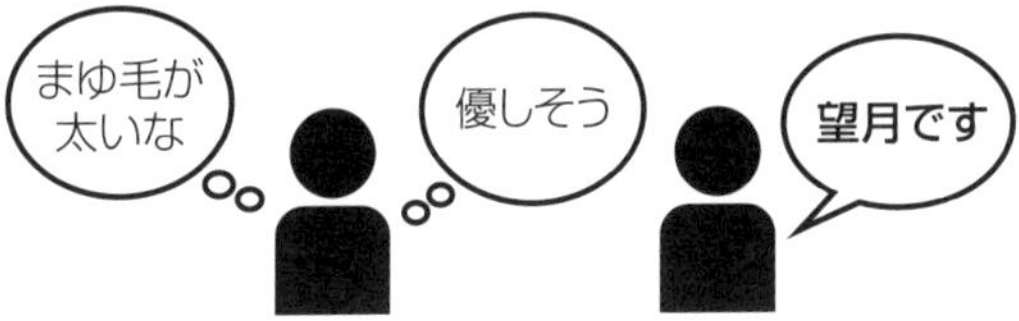

② 名前からその人の背景をイメージ

③ 名刺にこの情報をメモしておく

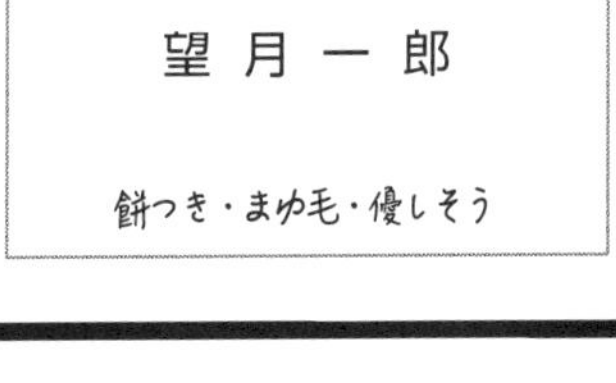

です。

あるいは「石橋」さんであれば、その人が石橋を金槌《かなづち》で叩いて渡っている姿をイメージしたりという具合です。

またもうひとつの方法としてその人の名前が有名人や自分がよく知っている人と同じ場合、その人たちを使うのも有効です。

仮にその人の名前が「坂本」さんならば、実はこの人は坂本竜馬の子孫なのだとして肩を組んでいるところなどを想像してみるのです。

このときストーリーを作るだけでなく実際に頭のなかにそのイメージを浮かべてください。この記憶法はイメージで覚えるというところにポイントがあります。これを省くと記憶に強く残せません。

そしてイメージを作ったあとで名刺や手帳にこの情報をメモしておくのです。

例えば「望月・まゆ毛・優しそう・餅つき」「石橋・ふちなしメガネ・石橋叩く」「坂本・色白・坂本竜馬」など。

後でそれらを見るときには頭のなかでイメージを再現するのです。

イメージのなかにはその人の顔の映像といっしょに名前のヒントが含まれています。そこから名前を再現できれば顔といっしょに覚えたことになるのです。

実は記憶競技のなかにも人の顔と名前を覚える種目があります。

1枚に9人分の顔写真と名前が載っている問題用紙が複数枚配られ、制限時間15分でできる限り記憶し、回答時に順番を変えられた顔写真のみが載っている回答用紙に覚えた名前を記入するという競技です。

覚えるのはフルネームです。当然ながらメモはとれず競技なので漢字も正しく覚えなければなりません。

しかし覚える方法は先程紹介した方法と全く同じです。

この方法で私は15分で約60名のフルネームを覚えることができます。

もちろん最初からこれほど覚えられたわけではなく、トレーニングの結果です。

やればやるほど上達しますので皆さんもぜひお試しを。

1-8 思考停止を防ぐ3列法

学校ではノートのとり方を教えてくれないために、授業の板書をそのままノートに書き写していた人は結構多かったのではないでしょうか。

見た目はきれいで結構なのですが、そこばかりにとらわれるとノートをとる本来の目的が変わってきてしまいます。

目的がいつの間にか板書をきれいに写すことに変わってしまうのです。

ノートは作品で、その作品が完成したら満足という心理です。

写すことに注意が向いているために、あとになってから見返してみると、内容があまり理解できない、そもそも内容を思い出せないといった本末転倒の結果を招きかねません。

ここまでいろいろな考え方を紹介してきましたが、共通して言えることがあります。

得られた情報に対し積極的にアプローチしないと覚えたり活かしたりすることはできないということです。

積極的にアプローチするとは具体的にはその情報を得るときに、思考停止しないようにするということです。

このような状況で働いている脳の機能があります。

それは「ワーキングメモリ」と呼ばれていて、脳のメモ帳のような働きをしてくれています。何か作業をしているときに同時に他のことを短時間だけ頭のなかにとどめておけるという機能です。

例えば皆さんが買い物などで暗算をするときなど、計算途中の数字をとどめておけるのは、このワーキングメモリの働きによるものです。

相手から話を聴きながらメモをとっているときにも、講座や授業でノートをとっているときにも、そのとき浮かんだ気づきや疑問点はまずはこのワーキングメモリに書き込まれることになるのです。

ワーキングメモリはとても便利な機能なのですが、いかんせん容量がとても少なく、記憶を保てる時間もあまり長くはありません。

よって、次に注意を引くものが出てくれば、その脳のメモ帳は前の情報が消去されて新たに書き換えられてしまうのです。

その消えてしまった思考のなかにとても素晴らしいアイデアの原石があったかもしれません。非常にもったいないことをしている可能性があるのです。

その原石を逃さないために、浮かんだ思考を同時に書き込むことができる仕掛けをあらかじめしておけばよいのです。仕掛けと言っても至極簡単です。

ページを3列に区切っておくだけです。

通常の板書などを書くメインのスペースは少し大きくとり、その隣に線を引き、書き込めるスペースを2列作っておくのです。

この2列ですが、真ん中の列にはメインのメモやノートをとりながら、そのときにタイムリーに浮かんだ疑問や気づき、アイデアなどを書き込むのです。

そして右はしの列には、あとから2列めに書き込んだ内容に対する行動の結果を書くようにするのです。

覚えられるノート作り

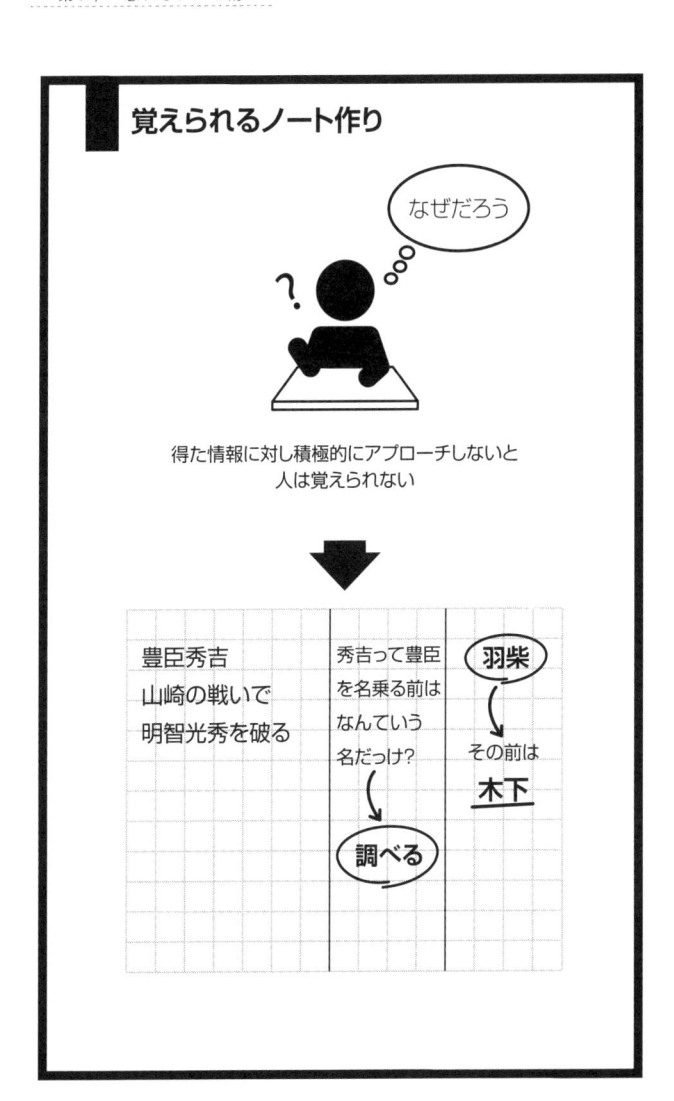

得た情報に対し積極的にアプローチしないと
人は覚えられない

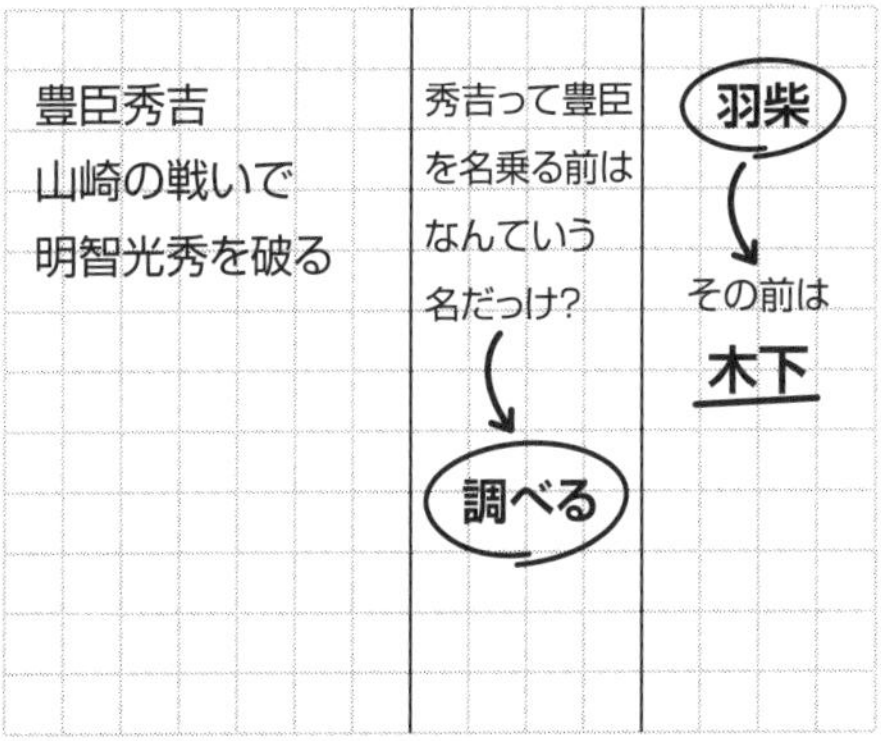

疑問があれば、書籍や資料をあたってみたり、直接相手に質問してみたりしてその疑問に対する回答を書き込み決着させておくのです。

また気づきやアイデアも同様にいろいろ調べてみて深掘りした結果を書くようにします。

こうすることによって情報に対して積極的にアプローチすることにより、メモやノートが単なる記録からさらに価値のある情報に変わるのです。

することはページを3列に区切るだけ。これでメモやノートの価値が倍増するのですからやらない手はありません。

第2章

タスクの効率を上げるメモ術

2-1 イメージバンクをつくる

私事で大変恐縮ですが、ここで私が日本一となることができた記憶競技について少しお話しさせてください。

記憶力を競う記憶競技にはいくつか種目があるのですが、なかでも記憶術について何も知識がない人から驚かれるのはバラバラに切ったトランプの順番や円周率のようなランダムに並んだ数字を記憶する競技です。

記憶競技に参加しているからといって写真を撮るように見たものをそのまま記憶する能力を持っているわけではありません。

ここではその方法について詳細には述べませんが、簡単に説明すると、カードそのもの、数字そのものを覚えているわけではないのです。

ある仕組みに則ってそれらを絵に変換してその絵を覚えるようにしているのです。

そして再現するときには覚えた絵から元のトランプのカードや数字に戻すのです。

選手たちはあらかじめ、それぞれのカードや数字に人物や物のイメージを割り当てておきます。

例えばトランプのスペードのAを「アインシュタイン」のカードに設定したならば、スペードのAはアインシュタインのイメージで覚えるのです。

なぜそんな準備をしておくかというとすべては効率化のためです。

記憶競技というくらいなので、各競技には制限時間が設けられています。

選手はその制限時間内でできるだけたくさん記憶することを目指しているのです。

そのためその場になって絵を考えていたのでは時間がかかってしまい、たくさん覚えることはできません。

そこであらかじめそれぞれのカードや数字に絵を設定して準備しておくのです。

この考え方はメモやノートにも用いることができます。

あらかじめ思考の流れや、そのとき受けたインパクトの度合い、またはあとでしなければならないタスクなどに対して記号やマーク、またはイラストを決めておけば、スピードの面と記憶の面の両方の効率化を図ることができるのです。

例を挙げると関係性を表すのにはやはり矢印「↓」が便利です。

ただ雑然と情報を書き込まれたメモはあとから見直しても内容を整理するのが大変です。そのときの自分の思考の流れが見えないからです。

そこで単に↓でそれぞれの情報をつなげるだけでも「論理の流れ」「ストーリーの流れ」が明確になり価値のあるメモに変わるのです。

同じ発想で「同等」を表す記号としてイコール「=」なども、本質が同じ情報どうしや、共通項がある情報どうしをつなぐときに便利です。

逆に「対立」や「競合」している意見や意味、もしくはアイデアの情報は同じ矢印でも両端の「↕」でつないでおくとわかりやすいと思います。

そのほかにもいろいろ使えるマークはあります。

疑問な箇所には「?」、重要箇所だったら「◎」とか、特にインパクトを受けた情報には「!」などもすぐに使えます。

会議などのメモでは漫画に出てくるような吹き出しが役に立ちます。発言者の名前

記号を使いこなせば、メモはよりわかりやすくなる

→
（片側矢印）
論理、ストーリー、時系列の流れを表す
A→B→C

＝
（等号）
本質が同じもの、共通項があるものを表す
A＝B

↔
（両側矢印）
対立、競合しているものを表す
A↔B

？
（疑問符）
疑問な箇所、納得できない箇所

◎
（二重丸）
最重要箇所

！
（感嘆符）
特にインパクトを受けた箇所

（吹き出し）
印象的な発言（発言者も明記）

から吹き出しを延ばしその人のコメントを書いておけば、あとで見直したときにその発言がきっかけとなってその場の臨場感だけでなく、メモの内容もより鮮明に思い出すことができます。

ぜひご自分のイメージバンクを準備しておきメモの効率化を図ってください。

2-2 脳のなかに自分だけの本棚をつくる

ここでの読書とは小説やエッセーのような娯楽のための読書でなく、実用書に限定しています。

実用書なので新しい知識を吸収したり、スキルを身につけたりするためにじっくり時間をかけて読む人も多いかもしれませんが、私自身は、実用書を読むことに時間をかけません。自分で言うのもなんですが読むスピードは速い方だと思います。

速く読める理由は、私自身の本に対する考え方からきています。

私は本自体を外部記憶装置のようなデータベースとして捉えているのです。

そのため私の仕事場のデスクは書庫全体を眺められる位置にあり、アイデアのヒントが欲しいときはそれに関連がありそうな本を全体を見渡したなかから引っ張り出して参考にするということをしています。

そのような流れになっているので本の詳細な情報はあとから取り出せばよいという考えです。

しかし本をデータベース化するためにはあとで検索しやすいようにその本がどんな本なのかを把握しておかなければなりません。

その本が何を言っているかの全体の概念をつかんでおく必要があります。

意識するのは全体を通して流れているテーマと論理展開のみです。

そこに注目して読むことによって本全体の枠組みをつかむことができ、そのニュアンスを潜在記憶として頭のなかに残すことができるのです。

あとで本を検索するときにはこのニュアンスが非常に大事になってきます。

「あれ、この考え何かで読んだな」というときにそのニュアンスが手がかりとなり本を検索できるのです。

しかしそうは言ってもそれだけでは時間が経つと大事な箇所の記憶は薄れていきます。

そこでそれを防止するための対策を併用しながら読み進めていくのです。

その対策とは自分にとって重要だと思える箇所のページに付箋を貼ることです。ペンなどで線を引いたりはしません。その時点で重要だと思えたことが読み返してみたらそうでもなかったということがよくあるからです。

一度ペンで線を引いてしまうと消せず、たとえ消せる機能のあるペンを使ったとしても案外消すのには手間がかかります。

そうして本文中に線が乱立していると後々データベースとして使う場合、情報量が多すぎて必要な情報を抽出するのが面倒です。

その点付箋であればすぐにはがすことができます。こうして貼ってはがす、を繰り返したあとに残された付箋の箇所は自然と重要度が高い情報になっていくのです。

こうしてその本の全体像をつかむ意識を持ちながら付箋を貼っていくのですが、この読書法は読み終わってからする作業が一番重要です。

本の1ページより一回り小さいメモを用意します。

普通の紙でもよいのですが、本の最初のページに貼る必要があるのであらかじめ糊がついている付箋があると便利です。

今ではサイズが大きい付箋がいろいろ販売されているのでよければ調べてみてください。

本を読み終わったあとにこの付箋に情報を書き込むのですが、最初の数行には本全体の概略を書きます。

次に付箋を貼った重要箇所を記入するのですが、記入する内容はページ数と重要箇所の情報を圧縮し、なるべく短く「キーワード」「概要」だけを書き込みます。短い「感想」などもおすすめです。

本の読み方をこうした流れにしておけば、あとで「あれ、これについて読んだことがあるぞ」というときに、まずはそのニュアンスから本を見つけ出すことができ、最初のページの付箋に書き込んだメモから本の内容の記憶を鮮明に思い出すことができます。

こうして本が知識のデータベースとして役に立ってくれるというわけです。

脳内に本のデータベースをつくる

①

重要だと思える箇所に
付箋を貼っていく

②

付箋箇所の内容を1ページ
大のメモに書き込む
軽く感想を入れてもOK

「ずぼら瞑想」

感想

たった1分で頭がスッキリする
のには驚いた。
明日から始める。

まとめ

p.9・てのひらに均等に息があ
たるように息をはく。
ひと息でOK。

③

これを繰り返すと脳内に
本のデータベース
ができる

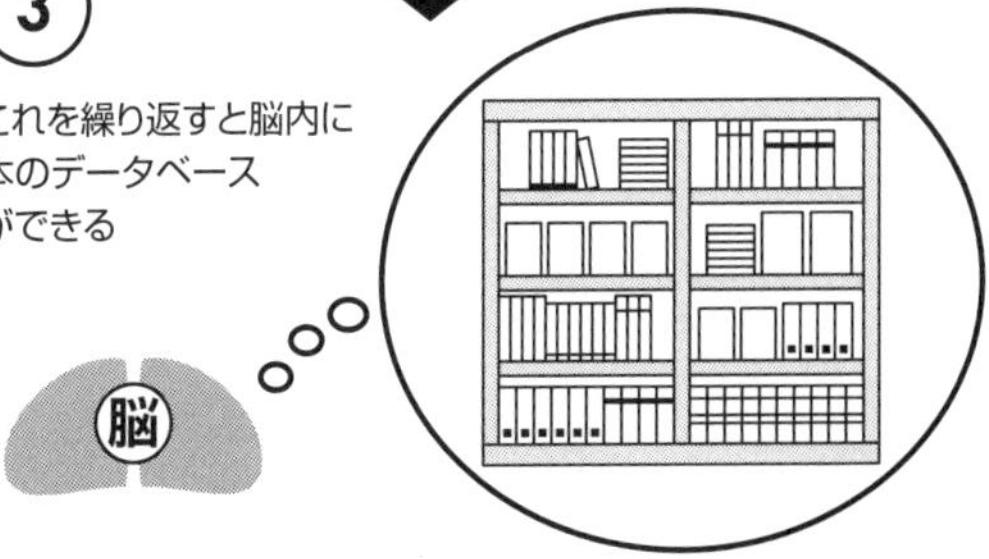

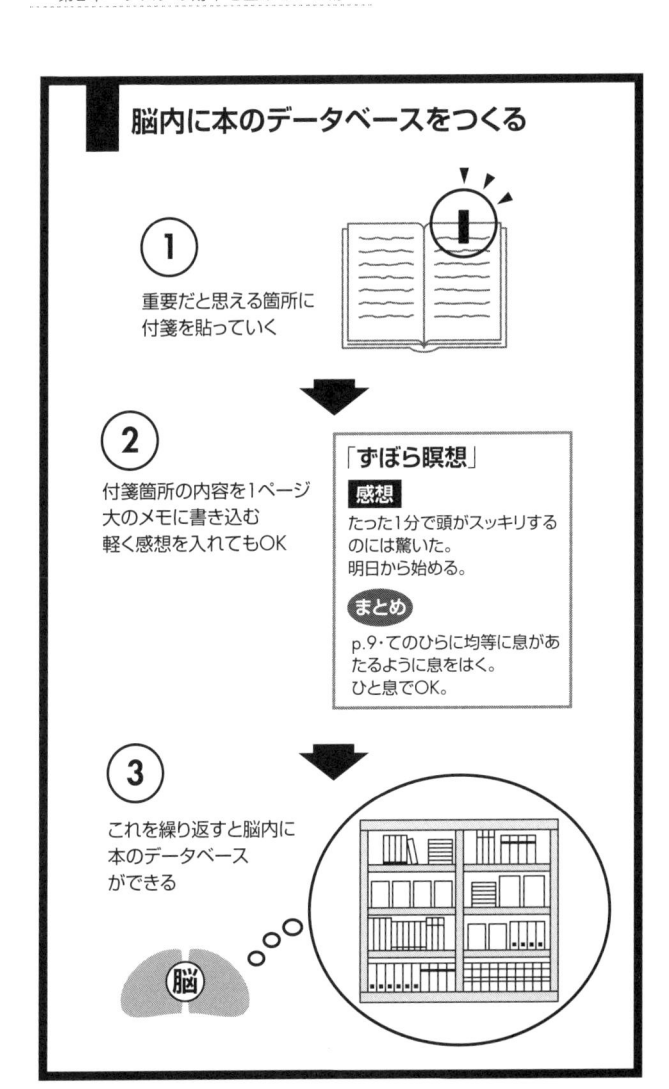

2-3 ホワイトボードが脳を活性化する

会議や打ち合わせをするときに皆さんもホワイトボードはよく使われることと思います。

言うまでもなく同時に大人数が情報共有できるので非常に便利です。

このようにホワイトボードを使う機会というのは複数の人が集まっている場面を思い浮かべるかもしれませんが、私自身にとってはひとりのときの思考ツールとして重宝しています。

何か資料をつくったり、原稿を書いたりするときには下書きをつくることがありますが、その下書きの下書きともいうべき初期レベルのアウトプットをホワイトボードを使って行っているのです。

実のところ今読んでいただいているこの本の最初のコンセプトもホワイトボードか

ら生まれています。

あとになったら使わなくなるかもしれないくらいのラフなレベルのアウトプットをたくさんしておくことで、最後のアウトプットまでスムーズに知的生産が進むのです。

私がホワイトボードをこのように使うようになったのは偶然です。

塾を経営していましたので教室には大きめのホワイトボードが初めからあったのですが、使いみちは授業の板書のみでした。

しかし教室にいるときに、早急にある事柄について考えを整理して資料をつくる必要に迫られたことがありました。

もともと何か考え事をするときには、歩きまわる癖があったので、そのときも教室のなかをうろうろしながら頭のなかを整理していたのですが、ふと、よい考えが浮かんでメモを取りたくなったのです。

ところがそのとき手元にはメモするものがなく、仕方なくホワイトボードにその考えを書き込みました。

すると、最初に書き込んだものを中心に思いのほか発想が広がってどんどんホワイトボードにアイデアを書き込むことができたのでした。

その要因のひとつとしてホワイトボードの広さがあるとみています。

この広さが不思議とアウトプットを促すのです。

それと自分だけ内容がわかればよいので見た目を気にせず自由に書けるところも、ストレスが加わらず自由に発想が広がったひとつの要因に違いありません。

書き込む内容は単語もあれば短い文章のときもあります。あるときなどは本の1ページ分くらいの文章をいっきに書き込んだこともあります。

そうかと思えば図や絵だけのときもあります。

そして一番の効果は雑然と書かれたそのような絵や文章を少し離れた位置から全体を見渡せるところにあると思っています。

全体を同時に見ることでそこからまた新しい発想が生まれやすいのです。

通常の手帳やノートではこうはいかないと思います。

今では原稿を書いたりするような知的生産をするときのルーティーンはだいたい次のように決まっています。

ホワイトボードの活用の仕方

①

部屋を歩きまわり
ながら思考する

②

何か思いついたら
ホワイトボードに書く

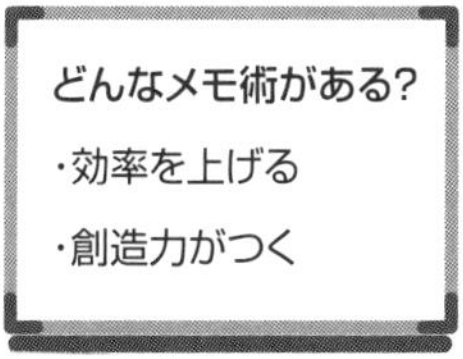

③

ある程度書いたら
下がって見る。
思いついたら書き込む

④

一区切りついたら
スマホで撮影して
ホワイトボードを消す

①部屋のなかを歩きまわりながら思考する
②何か思いついたらホワイトボードに書き込む
③そこから連想が広がればさらに書き込む
④ある程度書いたら一度下がって全体を俯瞰する
⑤何か思いついたらさらに書き込む
⑥一区切りついたところでそれらをスマートフォンで撮影する
⑦撮影したら、ホワイトボードに書かれたものを消してまた①に戻る

という流れを繰り返します。

そしてその作業が終わったら、撮りためたそれらの画像を見ながらパソコンで下書きを進めていくのです。

ここで新しく思いついたことを追加することもありますが、ほとんどは余分なものを削ぎ落とす作業ですので非常に効率がいいわけです。

2-4 驚くほどまとまる短冊式資料作成術

前項では初期の段階のアイデアをまとめる方法を紹介しましたが、今回は私が行っている企画書などの資料の構成を作る方法を紹介します。

例として私が本を企画するときの項目の整理、要するに目次にあたるものをつくるときの流れを説明します。報告書やその他の資料をつくるときも考え方としては同じです。

今の方法にたどり着くまでには、マインドマップなどの思考ツールや付箋を使った方法も試してみたのですが、私にとって一番しっくりきた方法が今回紹介する「短冊」を使った構成法なのです。

短冊とは、七夕のときに願い事を書いたり、短歌、俳句を書いたりするときに用いる縦に細長い紙のことです。

実際に使っているのは縦にしたB5かA4サイズのコピー用紙を2等分したものです。

ここに本でいうと目次のなかの項目にあたるタイトルなどを書き込みます。

ひとつの短冊にはひとつの項目のみです。

前項で紹介したホワイトボードを利用した方法などで、本全体の概要をまとめておき、それに基づいて項目のタイトルを短冊に書いていきます。

思いついたものは、どんどん書いていくことにします。

あとになっていくらでも調整できるのでここでは内容の品質にあまりこだわりません。

1枚書くごとに壁に貼っていくのですが、貼っていく順番も最初のうちは全く気にする必要はありません。ここで順番を考えようとすると、かえって効率を落とす要因になります。

そうして何枚も壁に短冊を貼っていきながらある程度きたところで一度全体を見渡すのです。

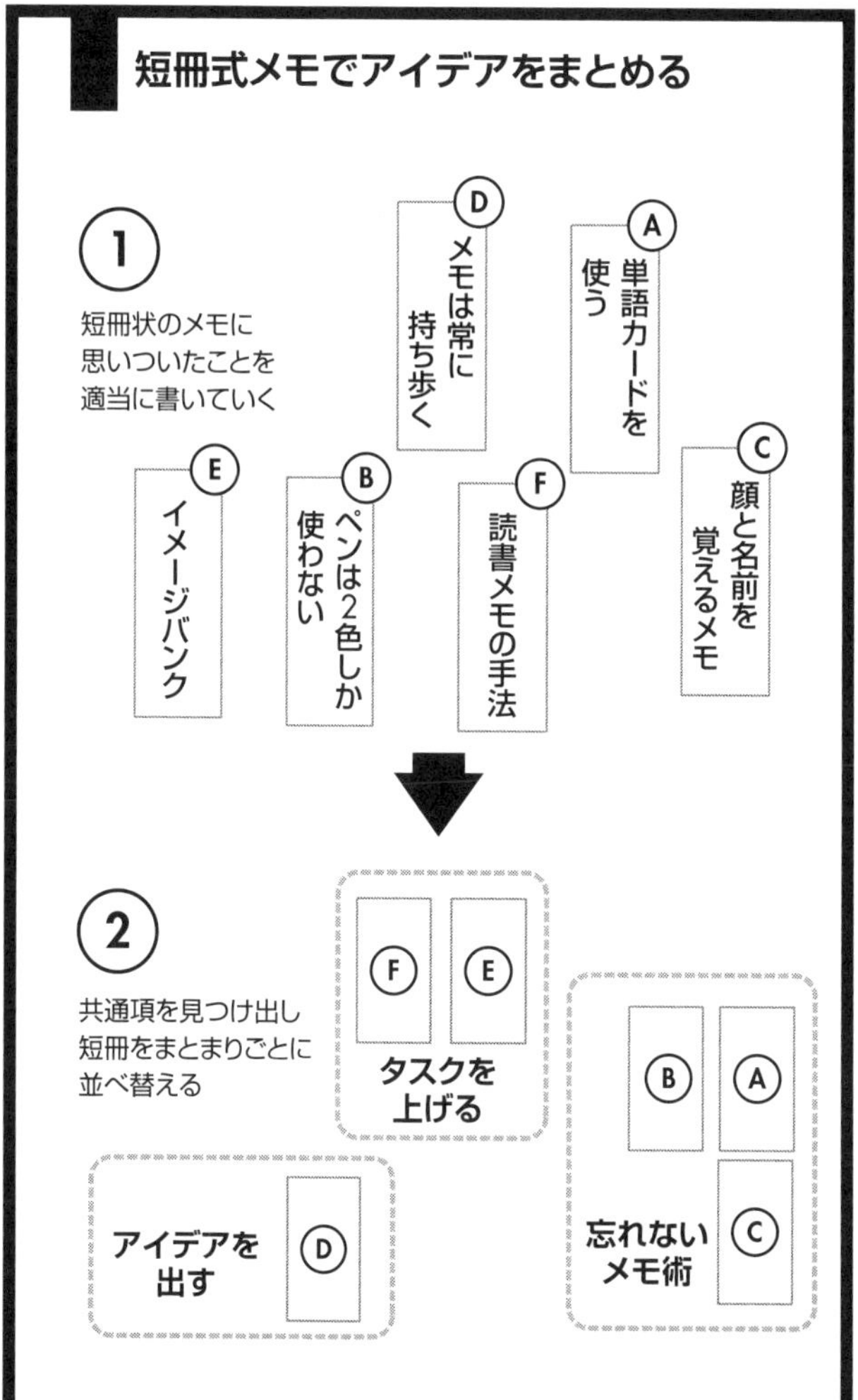
短冊式メモでアイデアをまとめる
1
短冊状のメモに
思いついたことを
適当に書いていく
D メモは常に持ち歩く
A 単語カードを使う
E イメージバンク
B ペンは2色しか使わない
F 読書メモの手法
C 顔と名前を覚えるメモ
2
共通項を見つけ出し
短冊をまとまりごとに
並べ替える
F E
タスクを上げる
B A C
忘れないメモ術
アイデアを出す
D

するとそれらのなかからそれこそ共通「項」を持った短冊どうしが見つかり、そこで短冊の並べ方をまとまりごとに貼り替えていくということをします。

それをある程度続けると、本で言う「節」となりさらにそれらをまとめていくと「章」になるというわけです。

ここまで読んだ方のなかには、それなら付箋で事足りると思われた人もいるかもしれませんが、私が付箋を使わない決定的な理由があるのです。

それが短冊の大きさです。

確かにシステム的には付箋でも同じことができますが、一般的に販売されている付箋は情報を書き込むには小さすぎるのです。

大きい付箋もありますが、コスト的にはコピー用紙を利用した方がリーズナブルです。

なぜ大きさにこだわるかというと、そこには項目のタイトル以外に、その項目に関する参考文献や参考図書のタイトルを記入しておきたいからです。

さらにその資料のなかで必要な箇所が書いてあるページと行なども記入しておくと、

あとで本文を作成していくときに非常に便利なのです。

これ以外にも、その項目で必ず使いたい言い回しや、論理の展開などもその時点で浮かんでいたらメモ代わりに記入しておくこともできます。

このように、この段階であとで参考となる情報を準備しておき、その項目の話の流れなども詰めておけばおくほどその後の作業が楽になっていきます。

第3章

アイデア創出のためのメモ術

3-1 メモは浴室にも用意しておく

皆さんはどんな状況でいい考えが浮かぶことが多いですか？

人によっては床について眠りに入るまでの間、もしくは朝目覚めたときなど、または通勤通学の電車のなかなど、様々だろうと思います。

私個人は長年の経験から、いいアイデアが浮かぶ状況を自分なりに把握していて、トップ3ともいえる決まったシチュエーションがあります。

ひらめく頻度から順番をつけると、第3位が車の運転中です。

これには条件がついていて走り慣れた道のときに限定されます。新しい道や高速道路を走っているときにはひらめきません。

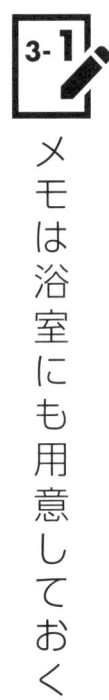

第2位はジョギング中です。

これも決まったコースがあり、そこをしばらく走っているうちに突然ひらめくことがあります。

そしてダントツの第1位が入浴時です。

しかも浴槽につかっているときではなく体を洗っているときと必ず状況は決まっています。

自分なりに分析すると共通しているのは、体は動いているけれども、その動きは無意識でもできるものだということです。

意識する必要がないのでその行動に対して脳のリソースをくわれずに済みます。

体が動いているということが思考の分散を防ぎ脳にアイデアが生まれやすい土壌が出来上がるのだと思います。

ではアイデアは、どんなシステムで生まれるのでしょうか。

いい考えというのはアイデアのもとになる素材が全くゼロの状態では生まれるものではありません。

頭のなかにすでに入っている、一見関連性がないと思われるような情報どうしが、あるとき何か偶然の触媒によって化学反応を起こし突然生み出されるのだと考えます。

その工程は脳が自動的に行ってくれています。

そうしてある日、私のトップ3のような脳にストレスのない状況で有機的に情報が結びつき突然ひらめくというわけです。

このようなシステムは温められたたまごからヒナがかえる状況に似ていることから、心理学的には「孵化効果《ふかこうか》」と呼ばれています。

しかしひとつ問題なのはそれがいつひらめくのかは誰も予想できないということです。そのため記録する用意がないときに、ひらめいたとしたらその大事なアイデアを取り逃がしてしまう恐れだってあります。

だから私はメモを常に持ち歩くようにしています。

ところが私のトップ3は車の運転中、ジョギング中、入浴している最中です。最初の2つではメモを手書きするわけにはいきません。

そこで車を運転するときと、ジョギングのときにはボイスレコーダーを携帯するようにしているのです。

ではお風呂のときはというといろいろ試して行き着いたのが、「はじめに」でも紹

個人的いいアイデアが思い浮かぶ状況TOP3

1位 入浴中

防水仕様のメモ帳でメモ

2位 ジョギング中

ボイスレコーダーでメモ

3位 車の運転中

ボイスレコーダーでメモ

いいアイデアを逃さない率UP

介した防水仕様のメモ帳です。

風呂場には、圧縮空気でインクを加圧してぬれた紙にでも書くことができるボールペンを常備しています。

そこまでして書くメモですが、そのメモの内容によって常に100%の成果を上げるわけではありません。

価値を生み出さないことの方が多いかもしれません。しかしそのメモがただの石ころなのかダイヤの原石の価値を持つのかはその時点ではわからないため、思いついたものはとりあえずメモしておくことにしています。

3-2 ひらめくためのちょっとした工夫

ここからはすぐに解答を導き出すロジカルシンキングのようなものではなく、あるときいきなりパッといいアイデアがひらめくための呼び水のような、そんなメモ術について紹介したいと思います。

その前にまずはアイデアを生み出すための脳の使い方について説明します。

以前の項では、いい考え、アイデアがひらめくための仕組み、それは頭のなかの材料を使って脳がそれらを化学反応させて新しいものを生み出してくれることなのだと紹介しました。

無意識の状態での脳の力は私も皆さんも日常ですでに使っています。なぜなら日常の行動のおよそ9割が無意識によるものだからです。

例えば家から学校や会社に通うときや、車で行き慣れた目的地まで行くのに毎回行き方を考えながら行動はしていないと思います。毎回行き方を考えていたのでは脳のエネルギーを大量に消費してしまいます。それを防ぐために無意識に脳が行動を自動操縦してくれているのです。

例えば目的地の代わりに、自分の目標などを意識下に落とし込めれば行動の内容が自動的に目標達成に近くなる方向へよってくるというわけです。

とはいえそのためには脳に対して何かしらのアプローチが必要なはずです。

どのようにすれば脳は自分が期待している考えを共有してくれるのでしょうか。

そこには脳が自動的に動いてくれるようにするための決定的な働きかけの方法があるのです。

それは、最初の段階で自分自身の頭で一生懸命考えること、これに尽きるのです。

必死に考えることで、たとえその場ではいい考えが出なくても、意識下には本人が何を欲しているのかを伝えることができます。

なんとなく思っているぐらいでは脳はそこに重要性を見いだせず動く準備をしてくれません。

そしてもうひとつ大事なことは、自分で必死に考えたあとはそのことについて意識しない、つまり放っておくということです。

①脳にストレスをかける

②意識をそらしてストレスから解放する

という流れをとることによって、脳のなかでのアイデアの熟成期間を確保するのです。

しかし初めに一生懸命考えることが必要といいましたが、そもそも考えるときに「書く」作業は必要なのでしょうか。

実は書いてアウトプットすることは思考を大きく広げていくためには必須の工程なのです。

以前に「ワーキングメモリ」という脳の機能を紹介しました。

これは簡単に言うと少しの間だけ記憶をとどめておくことができるメモ帳のような役割なのですが、実はもっとすごい機能も持っています。

何かを思考するときに、参考になりそうな過去の記憶を引っ張り出してきて参照することができるという能力も持っているのです。

今頭に浮かんだ情報と過去の情報を照らし合わせる。この機能があるからこそ思考に広がりを持たせることができるのです。

そこで何かを考えるというときには、このワーキングメモリに常にフル回転してもらいたいものですが、以前も言ったようにいかんせんその容量はとても少ないのです。

そこでその容量の少なさを補うために書いてアウトプットするのです。

大事なことが浮かんだら、それをすぐに書いて記録に残しておくことで、ワーキングメモリには常に余裕ができ、どんどん思考を広げていくことができるというわけです。

次からはこれらの脳の性質を利用した2つのメモ術を紹介します。

3-3 ①質問メモ

単に考えるといってもそこには何かガイドラインが欲しいところです。

それにそって考えることで自動的に脳に自分が欲しいものを共有してもらえるのであればそれが理想的です。

そのために使えるアイテムが「質問」です。

漠然と考えるというのは思いのほか難しいものです。

しかし質問を与えられると、考えの方向性が答えに向かって集約されるので、かえって集中して思考することができます。

それに無意識のうちに脳もその質問に対して解答を出そうとしてくれるので一石二鳥なのです。

それでは具体的な方法を説明していきます。

まず質問を書くのは手帳やノートよりもコピー用紙のような1枚ずつの紙の方が使い勝手がいいです。

大きさはA4以上が適しています。これを横長にして使うことにします。

最初に図のようにセンターに質問を書き込みます。

しばらくその質問に対して答えを出すためにいろいろ考えを巡らせます。

このときは思考がさまよってしまってOKです。むしろどんどん発散していく方が望ましいです。

ただし浮かんだ思考は流さず書いて記録に残すようにします。

何か思いついたら、その考えを文章ではなく「キーワード」で表すようにします。

図のように質問の周りにキーワードを書いて線でつなげていきます。

この時点では、それが正解かどうか吟味する必要はありません。

とにかく何か引っかかる程度のキーワードがあれば、悩まず書き込んでいくことが大事です。

前に言ったようにこのメモ術はその場で正解を出すことがメインの目的ではなく、

質問メモの書き方

① A4サイズの紙を用意

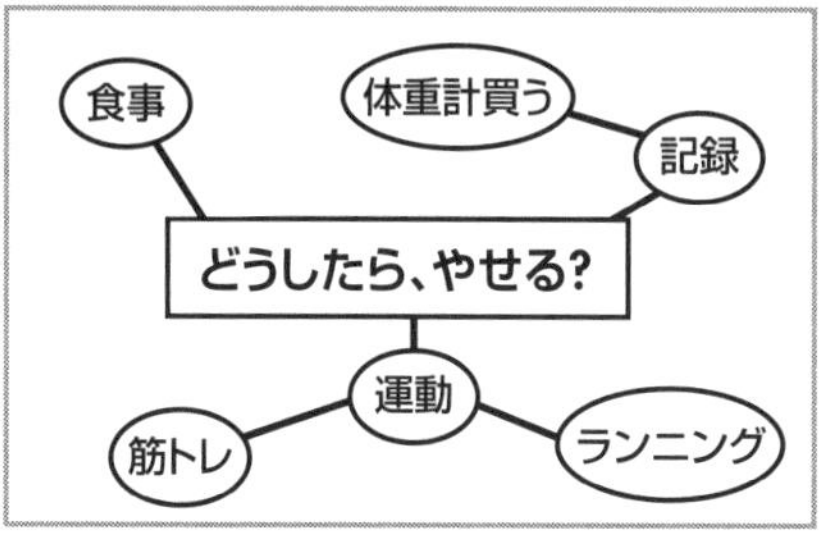

中心に質問を書き込み思いついたことを「キーワード」で書いていく。思考が広がれば、線でつなげる。

② 質問メモは普段よく見る場所に貼ると脳が無意識にアイデアを生み出す。

あくまでも自分の脳に欲しいものをわからせるのが目的です。

書いたキーワードからさらに思考が広がれば、同様に線でつなげてキーワードを追加していきます。

情報が多すぎても、少なすぎても脳は活性化しないので書き込みが用紙の50％以上になったぐらいを目安にこの作業を終わらせます。

次にこの用紙を普段よく見る場所に貼っておきます。その後はそれの全体をぼんやり眺めるだけで構いません。

すでに脳は質問を受け取ってアイデアを生み出す作業に入っているので、サボらないようにはっぱをかけるのが目的です。

そしてアイデアの孵化を待ちましょう。

3-4 ②相関図メモ

次はキーワードどうしの相関関係を見つけているうちに自然に考えを深める方法です。

今回の用紙も同じくコピー用紙のような1枚ずつのものを用い、大きさもA4以上、また向きも横長の方向です。

前回は質問されることで、思考のスイッチをオンにしました。

今度は「連想」を使ってアイデアを引き出していきます。

前と同様に今回も用紙のセンターにひらめいて欲しいアイデアのメインキーワードを記入します。

例えば「○○を簡単に行う方法」や「これまでにない○○」など、単に単語のみでもメインキーワードにして構いません。

そのキーワードから連想するイラストなども描いておいたりすると、脳が面白いと感じて印象を深めてくれる作用もあります。

それを起点に連想などで思いついたアイデアを、これまた単語のみでセンターの周りに記入していくのです。

ただし今回は線で結びながら書いていく必要はありません。

ランダムに空いている余白に順番などを気にせずどんどん書き込んでいきます。

順番などは気にしないと言いましたが、連想などでつながっているアイデアどうしはなるべく近くに置いた方が後々見やすくなります。

そうして今回も目安として用紙の最低50％以上が埋まれば終了です。

書き込み終了後はまず全体を見渡してみてください。

すると連想でつながっているアイデアはもちろんランダムに書き込んだキーワードのなかにも関連性があるものがあるはずです。

関連性があるものが見つかったら、そこでそれらを線で結んでください。

そしてそれらの関係を言い表す言葉、例えば「楽しい休日のすごし方」を考えると

思考が深くなる 相関図メモ

① キーワードをどんどん書き込む。関連性のあるものを見つけたら線で結んでいく。

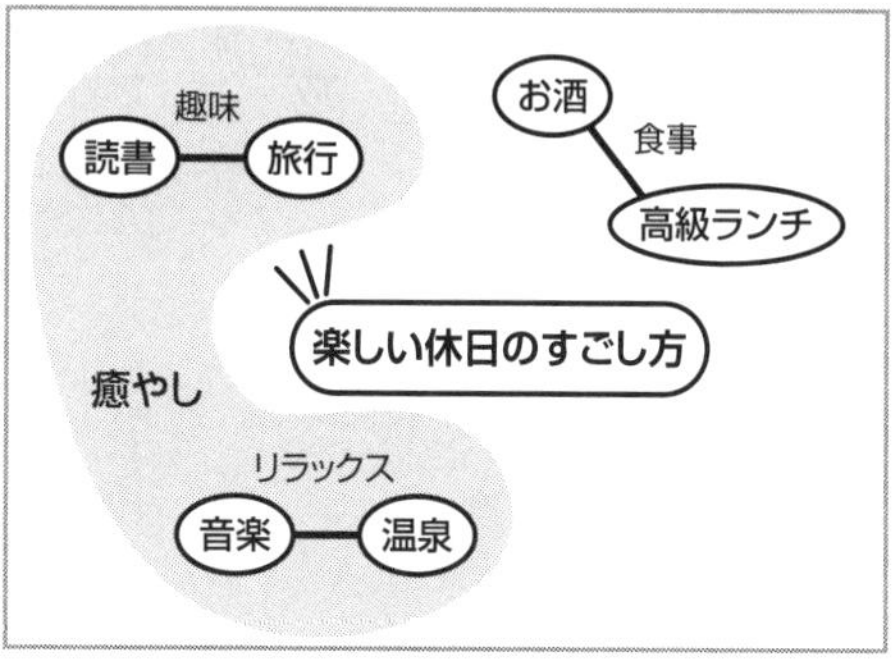

② よく見る場所に貼っておく。

したら、「読書」「旅行」ならば「趣味」、「温泉」「音楽」であれば「リラックス」というようなワードを線の上に記入していきます。

線で結び終わったあと、そこからさらに上位の概念が見つかったなら、それぞれのキーワードどうしを線で囲み、そこにそれらをまとめるワードを書き込みます。

例えば先程の「趣味」「リラックス」であれば「癒やし」というような感じです。

これで相関メモの完成です。

これを質問メモと同じく、その後はこのメモを普段よく見る場所に貼っておき、時々眺めることによって脳に働きかけるのです。

3-5 エレベーター式アイデア発想メモ

私には何か新しいことを学んだり、技術を身につけたりするときに、決まった手順があります。

それはその知識や技術はなぜこうなっているのか、という疑問を繰り返しながら、どんどん上位の概念をたどっていき、自分なりに納得できるレベルでの本質を理解しておくというものです。

これをしておくことにより、自分独自の具体的な方法などを編み出すこともできるようになります。

なぜなら本質をつかんでいるため、新しい方法に妥当性があるか確認することができるからです。

ここで具体例として私がどうすれば記憶力をアップすることができるのか、自分なりにつきとめていった経緯を紹介します。

記憶力競技に参加することを決めた時点で、すでに世の中には具体的に名前の付いた記憶術というものがたくさん存在していました。

とても古くから現代まで存在し続けたのですから、有効性は当然あるのでしょう。

けれども最初から、何も疑わず、ただその方法に従って行うことはしませんでした。

なぜその方法でたくさんのものを長く覚えることができるのか、まずはその仕組みを知りたかったのです。

そのために最初はいくつかある記憶術のテクニックを比べてみて、そのなかに含まれる共通の要素を見つけ出すことから始めてみました。

すると最初に集めた記憶術には確かに共通する要素が含まれていました。

図にあるように「イメージ（映像）で覚える」「インパクトのあるイメージにする」「連想を使う」「関連づけする」「文字で覚えるよりも面白い」などがそうでした。

ここからまたつながる要素として「思い出」さらに上位に「エピソード記憶」、ほかにも「脳」というキーワードが出てきました。

エレベーター式 アイデア発想メモ

感情を動かして扁桃体を刺激すれば記憶力UP↗

↑

それから?　脳の仕組みを調べる

↑

どこでつくられる?　脳

↑

思い出とは?　エピソード記憶

↑

何かに似ている　思い出

↑

共通要素は?
- 文字でなくイメージで覚える
- 関連づけ　・連想を使う
- インパクトのあるイメージ

↑

既存の記憶術は?
- 連結法　・ストーリー法
- 場所法　・ペグ法

ここからさらに「脳の仕組み」というキーワードにたどり着き、最終的に記憶力をアップさせるもっとも重要な条件として「感情」を動かすこと、というところに行き着いたのです。

脳のなかで、記憶を司っている「海馬」のすぐそばに喜怒哀楽など人が感情を発生させるとそれに反応して活性化する扁桃体《へんとうたい》という場所があります。

そこが活性化すると、海馬が刺激を受けて記憶を強化させるのです。

これを知ったことにより、多くの記憶術がイメージ（映像）を利用している理由がわかりました。

通常勉強などで覚えるものは文字情報などが多く、そのままでは正直、面白いとは言えません。

そこでそれらの無味乾燥な情報をインパクトのあるイメージに置き換えることで自動的に感情を動かしていたのです。

こうして記憶術の本質をつかんだことにより、今度は自分独自の記憶テクニックを編み出すことができるようになったのです。

皆さんもエレベータ式メモで本質をつかんでおくと後々なにかと便利です。

考える手順は、

①それぞれに共通な要素をピックアップする

②なぜその要素が必要なのか考え、調べる

③するとまたそこからいくつかのキーワードが発生する

そしてまた①からを繰り返し、自分で必要な段階の概念まで登っておくのです。

そしてその本質をつかんだところでまた、下に降りていくことによって、より深くその知識、技術を理解し吸収することができるのです。

3-6 すぐにアイデアが欲しいときは

前に紹介したようなひらめきを待っているひまがなく、すぐにアイデアが必要なときも確かにあります。

そんなときに便利な方法があるのでここで紹介します。

名著『アイデアのつくり方』の著者のジェームス・W・ヤングが「アイデアとは既存の要素の新しい組み合わせ以外の何物でもない」と喝破したように、アイデアとは0から生み出されるものではありません。

今までひとつの方向からしか見ていなかったものを視点を変えて見たら、実は別の価値を秘めていたというのが非常に多いのです。

今回紹介する方法はその変える視点をあらかじめ用意しておき、そのフレームワークに当てはめて既存のアイデアを新しいものに昇華しようとするものです。

その名前を「SCAMPER発想法」と言います。

SCAMPERとはある言葉たちの頭文字を集めたものです。

Sは Substitute（代用）、Cは Combine（結合）、Aは Adapt（応用）、Mは2つあり、Modify（修正）または Magnify（拡大）、Pは Put to other uses（別の用途）、Eは Eliminate（削除）、Rも2つあり、Reverse（逆）か Rearrange（再編成）となります。

これらの頭文字をあわせて「SCAMPER」というわけです。

例えばすでにある商品、サービス、業務内容、方法、システム等々が存在している場合、そこに先程の条件を機械的に当てはめて、新たな発想を生み出すというのがこの発想法のシステムです。

Substitute（代用）……現状以外に代用できるものはないか？

Combine（結合）……他のものと結び付けられないか？

Adapt（応用）……今あるものを応用できないか？

Modify（修正）……これをどのように修正および変更できるか？

Magnify（拡大）……規模を拡大したり、何かを加えたりできないか？

Put to other uses（別の用途）……今のやり方を別の用途に使えないか？

Eliminate（削除）……何かカットできるものはないか？

Reverse（逆）……現状を逆にしたらどうなるか？

Rearrange（再編成）……今のやり方をよくする再編の仕方はないか？


以上の質問をチェックリストにしておき、アイデアを必要としている課題に対して多方面から視点を変え新しいアイデアが生まれるか考えるのです。

イメージしやすいように仮にあなたが消しゴムの製造メーカーの企画を担当する部署にいるとして新製品を考えるときにSCAMPER発想法を使うと次のような感じになります。

（S）代用……消しゴムの代わりになるものは何かないか？
（C）結合……消しゴムと何か他のものを結び付けられないか？
（A）応用……消しゴムを他のことに応用できないか？
（M）修正……消しゴムをどのように変えることができるか？（素材、デザイン等）

一瞬でアイデアを出すSCAMPER発想法

(S)ubstitute（代用）
➡ 現状以外に代用できるものはないか?

(C)ombine（結合）
➡ 他のものと結び付けられないか?

(A)dapt（応用）
➡ 今あるものを応用できないか?

(M)odify（修正）
➡ どのように修正、変更できるか?

(M)agnify（拡大）
➡ 規模を拡大したり、何かを加えたりできないか?

(P)ut to other uses（別の用途）
➡ 今のやり方を別の用途に使えないか?

(E)liminate（削除）
➡ 何かカットできるものはないか?

(R)everse（逆）
➡ 現状を逆にしたらどうなるか?

(R)earrange（再構成）
➡ 今のやり方をよくする再編の仕方はないか?

（M）拡大……消しゴムの機能に付加価値を加えられないか？
（P）別の用途……消しゴムに他にどんな使いみちがあるだろうか？
（E）削除……消しゴムから何か削除できることがあるか？
（R）逆……消しゴムの機能の逆はなんだろうか？
（R）再編成……消しゴムの位置づけを文具以外に広げられないか？
と、このようにあらかじめ決められたチェックリストに従って発想していくのです。

全ての質問にいつでも最適な解が見つかるわけではありませんが、少なくとも堂々巡りを防いで効率よく発想するための道標になることは間違いありません。

ぜひお試しください。

第4章
やりぬく力をつけるメモ術

4-1

4分間でやる気を出す方法

学生時代を含め、仕事でもプライベートでも文章をアウトプットしなければならない機会は結構あります。

論文、報告書、企画書、ブログ等々。

いつでもすぐに取りかかればいいのですが、なかなかそうはいかないものです。

いざ、取りかかろうとしても、なんとなくやる気が起こらず、後回しにしてしまった経験がある人もいるでしょう。

そこにはもしかしたら内容の完璧さを求める心理がどこかで働いているのかもしれません。

しかしどんなに優秀な人でも一回で完璧な内容に仕上がるわけではありません。

何回か修正、削除、加筆などを行って段階を踏んで満足のいくレベルに仕上げるのです。

まずは何はともあれ、とにかく一度めのコンテンツを仕上げることが一番重要なことなのです。

とはいえそれでも書き始めることにとまどう人がいるかもしれません。

そんなときに利用できる脳の仕組みがあります。

脳のなかには「やる気」を生み出す側坐核《そくざかく》という場所があります。

ここの細胞が刺激を受けるとやる気が生まれるのです。

ですがこの場所はあまり反応がよくないため、何らかの方法で刺激を与えてやる必要があるのです。

その一番手っ取り早い方法が「とりあえず作業を始めてしまう」ということなのです。

文章の場合は文字を書き始めてしまう、パソコンに入力を始める、ということです。

たぶん皆さんにも経験があると思うのですが、最初はあまり乗り気ではないことでも始めてしまったら、徐々に気分が乗ってきて、気がついたら夢中になっていたこと

はありません か。

これも、側坐核が刺激を受けた結果なのです。

このように側坐核は「字を書く」「パソコンに入力する」「考える」というような実際に体を動かしたり、頭を使ったりすることにより刺激を受けるのです。

そして側坐核が刺激を受けると脳のなかでやる気を生み出す神経伝達物質が発生するというわけです。

しかしとにかく始めたのはいいけれど、スタートダッシュのペースを長い間キープするのは結構大変です。

そこでスタートしてどれくらいまでの時間をとりあえずがんばればよいのかの目安を紹介しておきましょう。

アメリカの心理学者レナード・ズーニンが提唱している時間はスタートしてから4分間です。

何かを始めるときにはスタートしてから4分間で調子の波に乗ることができれば、その後、楽に作業を進めることができるという法則です。

やる気が出なくても とりあえず"4分間"だけやってみる

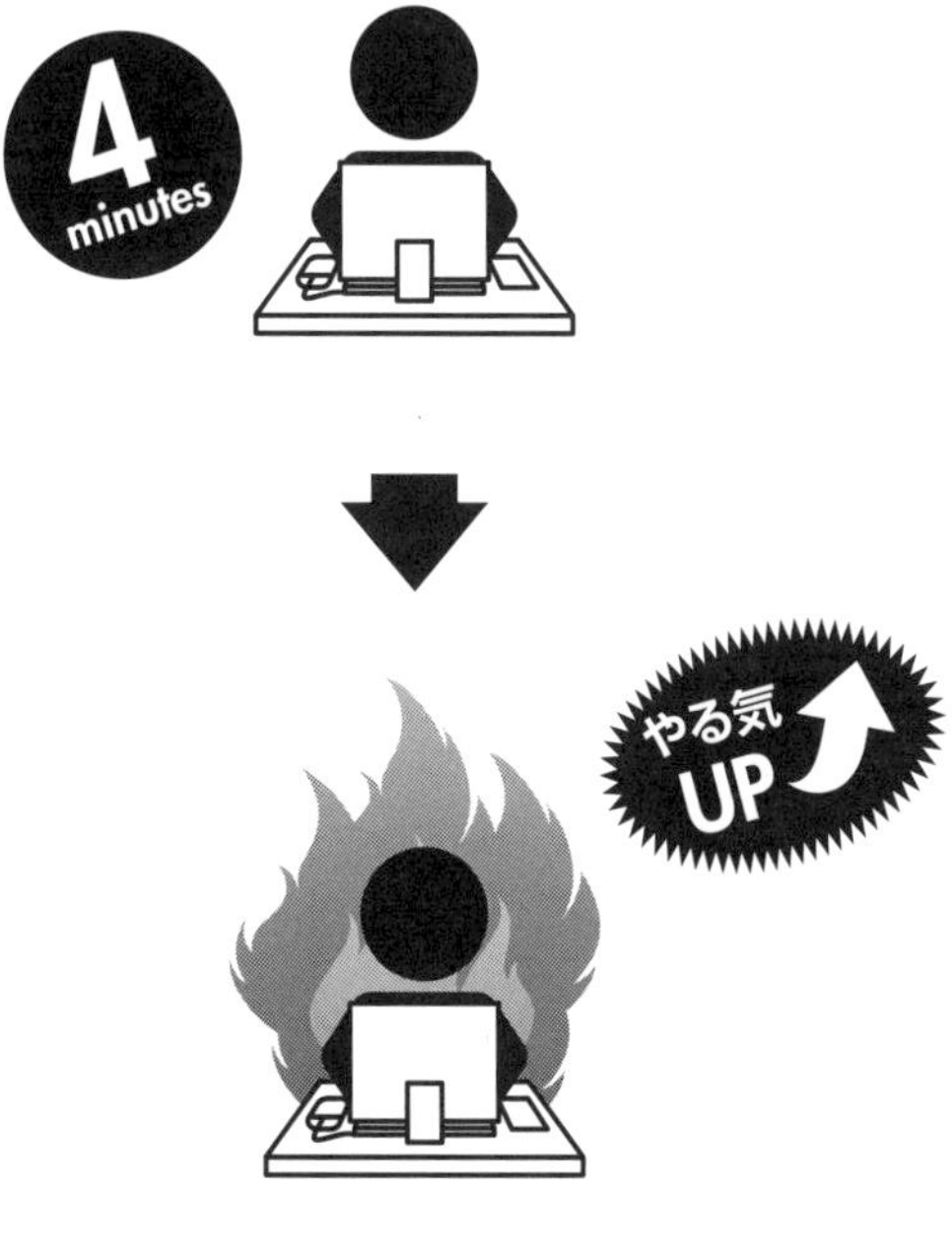

脳の側坐核が刺激を受けてやる気が上がる

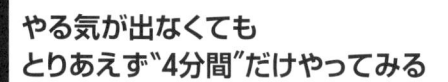

ですから書き始めてからの4分間はやる気というロケットを軌道に乗せるまでのブースターなのだと割り切って、組み立てや流れなどの細かいところにはこだわらず動き続けた方が結果的には効率よく質のよいコンテンツ完成に結び付くのです。

4-2 記録がモチベーションをキープする

何か目指すべき目標があるとしたら、それを達成するために一番大切なのはゴールにつながる行動を毎日コツコツと続けることです。

反対に毎日何かの行動や習慣を続けられるのは目標があるからだともいえます。となるとあとは続けるためのモチベーションのキープが大きな役割を担うことになります。

そういうわけで最初にモチベーションを何に設定するかはとても重要なことなのです。

自己実現を目指す上でのモチベーションとして設定してはいけないのは「他人との競争」です。

やる気のよりどころを他の人との勝ち負けにしてしまうと、相手に負けたとたんに一気に低下してしまうのが人が持つモチベーションの性格なのです。

そこで自己実現のためには自分との戦い、つまり自己の成長を喜ぶことに注力することが挫折を防ぎ、長くモチベーションをキープできるポイントなのです。

そのためには自己の成長を日々確認する必要があります。

そのために役に立つのが「記録をつける」ことなのです。

私自身も記録をつけ続けて練習したことが記憶力日本一につながったのです。

初めて記憶力日本選手権に出場を決めたときは何も知識がない状態だったためにどのくらいの成績で優勝できるのか、どんな強い選手がいるのかなど暗中模索の状態で練習をしなければならなかったのです。

つまり練習は否応なしに自分との戦いしかなかったのです。

そこで自己の成長を確認するために利用したのが記録をつけるということでした。

パソコンで各種目の記録表を作り、毎日そこに練習した結果を記入していったのです。

この記録表に励まされる形で練習を続け、結果的に記憶力日本一になることができ

目標に向けて記録をとった方が、やる気が持続する

	4/1	4/2	4/3	4/4
勉強時間	1h	1.5h	1.5h	0.5h
ランニング	0分	20分	10分	0分
体調 1～5	4	5	3	1

記録が数値化できないものは5段階や10段階評価で書くと客観性が高くなる

たのでした。

あとから考えるとこの記録表のつけ方が良かったのです。

記録のつけ方として行動に対して○や×、あるいは△などの記号でつける場合があります。

あるいは言葉で「今日の出来は良かった」「まあまあだった」「良くなかった」などと表すこともできます。

しかしこれでは結果に対する評価が曖昧です。

そこで私の場合はすべて記録をタイムや得点といった「数値」で記録していったのでした。

数値で記録していくと客観的に自分がどのぐらい進歩しているのか、成長しているのかが一目瞭然です。

するとその確認自体が楽しみになってまた次の練習へのモチベーションにつながったのでした。

たとえ途中で数値が伸び悩んだとしても、それがその後急速に成長するために必要な停滞期だと知ることができ、かえって焦らなくなります。

そうは言ってもなかにはどうしても記録を数値化できないものがあるかもしれません。

そんなときはどうするかというと、レベルを5段階や10段階というように数値化しておけばよいのです。

あらかじめそれぞれのレベルの条件を決めておき、5段階であれば最高を5、普通を3、最低を1というようにしておけば少なくとも毎回思いつきで書く言葉よりも客観性は高くなります。

目標は人それぞれ違うと思いますが、どんなものを目指すにせよ、達成のためには日々の行動の継続が重要なのは共通です。

そのモチベーションを持ち続けるために皆さんも記録をつけてみてはいかがでしょうか。

記録をつけないと気持ちが悪くなるくらいまでいくとしめたものです。

4-3 成功体験が増え、行動力が上がるメモ

行動しなければ何事も始まらないのはわかっているのですが、現状から一歩踏み出すのはそう簡単にはいかないものです。

というのも頭では理解していても無意識が現状に踏みとどまることで安定を求めてしまうからです。

それに失敗に対する恐怖心というものもあります。失敗に対する恐怖があまりにも大きいと先に進めなくなってしまうのです。

もしこのような状況に当てはまる人がいれば、それを解消するためには考え方の枠組みを根本的に変えなければなりません。

考え方の枠組みとはここまで生きてきた上での体験や教育から次第に形作られた価値観、信念といった考え方の形のことです。

この考え方の枠組みは時間をかけて作られてきたものなので変えるためにはインパクトのある発想の転換が必要です。

どのように思考の枠組みを変えるかというと、ざっくり言いますと行動した結果から失敗をなくしてしまえばよいのです。

そんなことができれば苦労しない、と思われるかもしれませんが、これも実は考え方次第なのです。

つまりどんな形になろうとも行動したことで生じた結果は自分にとってすべて成功体験ということにあらかじめ決めておくということです。

傍目には失敗と見られることも、見方を変えればそこから何か新しいことが学べたと捉えることができれば、その体験は将来にとっては結果的には成功と呼べるのではないでしょうか。

このように考えることができるようになれば、自分が行動したことはすべて成功ですから、大いに行動してたくさんの成功体験から自分を高めようとなるはずです。

そういう考えになるために自分の脳をしつける必要があります。

そのためにノート、手帳、日記帳などに文字を書くことによって、発想の転換を図る方法をここで紹介しましょう。

行う時間はその日一日を振り返ることができるので、寝る前などがよいでしょう。

ノート、手帳などの1ページの真ん中に線を引いて2列にします。

左側の列には思い出せるその日の行動を書いていきます。

その行動の結果が自分の望んでいたものか、それ以上であれば、その出来事の隣の列に単に「成功」とだけ記していきます。

仮にその結果が自分の予想と違っていたり、うまくいかなかったり、あるいはマイナスの感情が生じるものであったときは、ここで発想の転換をします。

その結果から何を自分は学ぶことができたのだろうというように考えの視点を変えるのです。

「成長するために○○が不足していることがわかったから成功」

「自分には○○が向いていないことがわかった。今後ムダな時間を使わずに済むので成功」

失敗を恐れなくなるメモ

●早起きができなかった	➡ 目覚ましが1つではなく2つ必要なことがわかった　成功
●うまくプレゼンができなかった	➡ 練習時間が足りないことがわかった　成功
●時間内に仕事が終わらなかった	➡ 効率的な仕事を考える良い機会　成功
・ ・ ・	・ ・ ・

発想の転換で自然と
成功体験が多くなる

成功体験数UP

「失敗してしまったが、これを教訓にすれば経験値がアップするので成功」というように生じた結果すべてを成功に変換してコメントを書き込んでいくのです。

これを続けていくと行動することの恐怖は徐々に薄れていきます。

新しいことに挑戦するときでも、自分の成長にとってはすべて成功体験だという意識を持つようになり、飛躍的に行動力を高めることができます。

4-4 ダイエットにも有効、実行力を上げる方法

何か大きな目標がある場合、達成するためにはそれに必要な行動を毎日着実に実行し続けなければなりません。

例えば目標がダイエットの場合においては、必要な日々の行動とはカロリー制限であったり、運動であったりするわけです。

しかし毎日着実に行動を続けていくことは結構大変なことです。

大変な理由のひとつにうっかりやる機会を逃してしまうというのがあります。

仕事の忙しさやプライベートでの用事をこなしていくなかで気がつくとやることを忘れていたということは私も経験したことがあります。

こういうことを防いで確実に実行する確率を上げるための方法がこれまでの研究で判明しています。

それが行動計画をあらかじめ設定しておくというものです。
研究によると「いつ」「何を」行動するかという計画を事前に具体的に決めておくとそれだけで実行できる確率は何もしていないときの2倍から3倍も高くなるそうです。
この行動計画を具体化したのが「if-thenプランニング」という方法です。
「if-thenプランニング」とは、「もし○○ならば、××する」というような、あらかじめ決めておいた条件のシチュエーションになったら、必ず設定した行動をするというような計画を立てておくという方法です。
例えば冒頭に出てきたダイエットをするためのプランニングをするならば、
「if」水曜日と金曜日は仕事が終わったら
「then」ジムに行き1時間トレーニングをする
とか、または、
「if」間食したくなったら
「then」ナッツを4粒だけ食べる

実行力が2〜3倍に上がるメモ

if ➡ **then**
水曜と金曜、仕事が終わったら ➡ ジムに行き1hトレーニングする

if ➡ **then**
間食したくなったら ➡ ナッツを4粒食べる

if ➡ **then**
朝起きたら ➡ 白湯を一杯のむ

続けると無意識で
行動できるようになる

Point

「やりたいこと」
「やるべきこと」など
肯定的な方向で書く

など、ある条件における具体的な行動を設定しておくのです。

ダイエット以外にも勉強や何かの練習といったものにも応用がききます。

これらのように条件を与えられることによって行動が促されるのには脳の性質が関わっています。

「○○ならば××」という情報は脳にとって理解しやすい文法なのでより強く脳に訴えかけるのです。

それにより条件付きの行動計画が強く記憶に刻まれることになります。

すると潜在意識にもそれが刷り込まれることになり、無意識のうちに行動できるようになってくるのです。

なぜならその行動をしないとなんとなく気持ちが悪くなり、それを解消するために行動を選んでしまうからです。

ひとつだけこの「if-then プランニング」を行う上で注意するポイントがあります。

それが「～しないようにする」や「～をやめる」というような否定の行動は設定しないということです。

これも脳の特性なのですが、否定すれば否定するほどそれが頭から離れなくなり、かえってそのことにとらわれてしまい逆効果になってしまうのです。

そこでプランニングをするときには「やめたいこと」でなく「やりたいこと」「やるべきこと」といった肯定的な方向で設定するようにしてください。

実行できる確率が2～3倍に上がるとはいえ、実行できないことも出てくるかもしれません。

そのときには設定した行動の難易度が高かったのかもしれないので、その場合は難易度のハードルを低くするようにし、クリアできたら徐々にレベルアップするとよいでしょう。

4-5 目標は紙に書くとかなう

私が世界記憶力選手権に出場して日本人初の「記憶力のグランドマスター」の称号を獲得したときに初めて使った目標達成法があります。

それがうまくいったのでそれからは記憶競技以外でも何か目標が見つかるたびにこの方法をとってきました。

その方法が「目標を紙に書く」というものです。

「なんだ、それだけのことか」と思われるかもしれませんが、この方法は昔から使われてきた非常に強力な目標達成法なのです。

ご存知の方も多いでしょうが、誰もが知っている野球の日本人メジャーリーガーやサッカーでイタリアの名門チームの背番号10番になった日本人選手も、小さい頃に将来の夢をぼんやりとではなく具体的に克明に書いていたのは有名な話です。

しかし、どんな目標も、単にこうなりたいと願っただけでかなうものではありません。

その目標を達成するためには何が、または何をすることが必要なのかを理解し、それを日常の行動レベルまで落とし込む必要があります。

その日々の行動をコツコツ積み重ねていくことで目標達成に近づくことになるのですが、「目標を達成するためにはこれをしなければならない」ということを常に意識しているのは困難です。

「3-2　ひらめくためには」でも紹介したように、人の日常生活のほぼ9割が無意識によって行動が制御されていると言われています。それほど、無意識からの影響は大きいのです。

朝起きてから家を出るまでの行動、学校や会社への行き方、何年も乗っている車の運転などは無意識が自分を自動操縦してくれているとも考えられます。

とするならば、こうなりたいという目標も意識下に刷り込むことができれば、無意識のうちに日常の考えや行動を目標達成の近道をたどるように脳が自動操縦してくれるということです。

ですが脳のなかでは一日中次々にいろいろな思考が流れていっています。

今こう思っていても次には違うことを考えていたりします。

目標を脳に理解させるにはこの思考の流れを一時止めて注目させる必要があります。

そのための有効な手段が「紙に書く」ということなのです。

目標を書く場所はコピー用紙でもノートでも手帳でもなんでも構いません。ただし

あとで説明しますが、繰り返し目につくところにしてください。

皆さんのなかには過去に実際に目標を紙に書いたのに達成しなかったという人が、

もしかしたらいるかもしれませんが、実は紙に書いただけでは足りないのです。

そこに脳の性質を利用してあることを追加しなければなりません。

ひとつめはイメージを利用することです。

脳は文字よりもイメージの方が理解しやすいという性質を持っています。脳に、こうなりたいという姿を強くわかってもらうには、イメージで見せてやる必要があるのです。

目標は書くとかなう

① 喜んでいるイメージと
いっしょに目標を書く

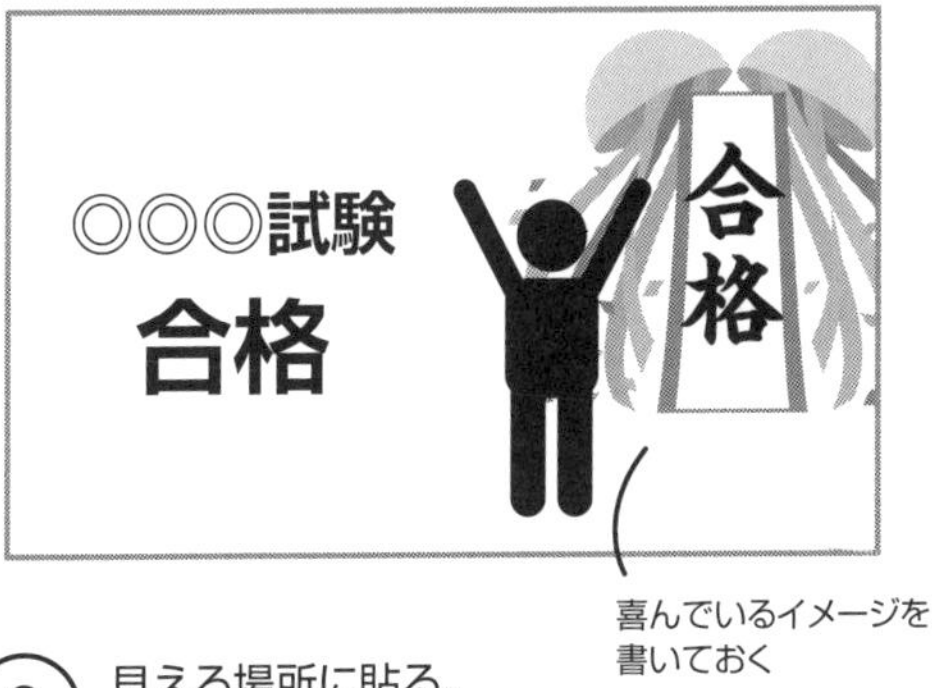

② 見える場所に貼る。
スマホの待受画像も有効

そこで目標を文字にし、それを見たら頭のなかで実際にそれを達成して喜んでいるイメージを同時に浮かべるようにしてください。

もしそれが難しい場合はイメージをイラストにして貼ったり、雑誌などから自分の目標とするものを連想できる写真などを切り取って貼ったりするのも良い方法です。

ポジティブなイメージでワクワクすることは脳にとっても快なので、その状態に近づきたいと感じてくれるのです。

そして2つめが復習です。

目標というのは、ずっと頭のなかでキープし続けるという意味で言うと、これもいわば「未来の記憶」です。

記憶というならば、記憶の性質が使えるというわけです。

以前も書きましたが、記憶を強化するための重要な要素のひとつが復習でした。回数を重ねれば重ねるほど記憶は長く定着します。

そこで目標も目につくところに貼ることにより、自動的に目にふれる回数を増やすのです。

それが復習となり、より強く目標を脳に刷り込むことができます。

この目標を書くという方法はとても強力なのですが、以前の私も「紙に書くぐらいで」とバカにしていたふしがありました。同じように考えている人は多いと思います。

しかし実際にこれで目標達成している人がいるのも事実です。

やることは目標を紙に書くだけ。

それを写真に撮って携帯電話やスマートフォンの待受画像にするのも1つの手です。

ものは試しでやってみてはいかがでしょうか。

4-6 不安や緊張もメモで消せる

ここ一番という大事な場面では誰しも不安なものです。

不安がふくらむとそれに伴って緊張も高まってきます。

本番で高いレベルのパフォーマンスを発揮するためには多少の緊張は必要ですが、いきすぎると「過緊張」という状態になり、脳が非常事態と判断し、的確な指令を身体に出せなくなってしまいます。

過緊張では本来の力は発揮できません。

そうならないためにも本番直前の不安や心配はなるべく抑えたいものです。

そこでここでは本番直前に不安や心配事を解消する方法を紹介します。

まずはなぜこんな状態になるのか少しだけ分析してみることにします。

これには前にも出てきた脳の機能のひとつ「ワーキングメモリ」と呼ばれる機能が

関係しています。

脳の「メモ帳」のような機能を持ち、暗算するときなどに途中の計算結果を少しの間だけ覚えておくような場合にワーキングメモリが使われます。

要するに脳のバッファーのようなもので容量は少ないのですが、この余裕があるおかげで脳は様々な選択肢から解決策を選ぶことができるのです。

とても便利な能力なのですが、ひとつ弱点があり、それはメンタルの状態に非常に影響されやすいという性質なのです。

緊張や不安が生まれると、優先的にその脳のメモ帳に不安や心配事が書き込まれていってしまいます。

そして容量が少ないのですぐにそのメモ帳はいっぱいになってしまうのです。

そうなるともう他のことを考える余裕がなくなってきてしまい、これがいわゆる頭が真っ白な状態というわけです。

そうなることを防ぐために、ここでも字を書くことが有効な対策があるのです。

シカゴ大学の心理学者シアン・バイロックが行った実験によると本番前のプレッシ

ャーを解消するための有効な手段が「紙に不安要素を全て書き出す」ことなのです。

とにかくほんの些細《ささい》なことでも不安要素があればすべて書き出します。

「本番でど忘れしたらどうしよう」から「緊張で話せなくなったらどうしよう」「時間切れになったらどうしよう」など、冷静なときであれば考えすぎとも思えるようなレベルの不安や心配事をずらずらと紙に書きつづっていくのです。

別に他人に見せるものではないので、こんなことまで、などと考えずにどんどん書き出します。

この方法が有効な理由は、不安のボリュームを目で確認できるところにあります。

ワーキングメモリを脳のメモ帳と言っていますが実際のメモ帳のように書いてある内容が目に見えるわけではありません。

そのため不安要素が膨大な数、存在しているような錯覚を起こしてしまうのです。

そこで頭のなかにある不安要素を実際に紙に書き出してみると、数えられる程度のものだということがわかります。

つまり自分が抱えている不安の全体像を目で見て確認できることで、負のスパイラ

緊張や不安を取り払うメモ術

とにかく、不安要素を紙に書く

●時間切れになったら
どうしよう

●思い出せなかったら
どうしよう

●集中できなかったら
どうしよう

⋮

不安の量が目に見えるので落ち着ける

ルを断ち切ることができるのです。
本番直前の緊急対策として私も何度かこの方法に助けられました。

第5章

脳を鍛える「書く」トレーニング

5-1

意志力を鍛える「かく」トレーニング

現代において特に注目されている能力のひとつが「意志力」です。

この意志力とは感情や行動、または欲求などをコントロールする力のことです。

最近の研究によるとこの意志力の強さこそ人生の成功における大きな鍵となることがわかってきました。

確かに世の中を見渡してみるとビジネス、政治、スポーツ等々の分野で成功している人たちは皆、強い意志の持ち主であることは容易に想像できます。

自分を律する能力が高いからこそ、目標に対して迷うことなく最短距離を進むことができるのでしょう。

またこの意志力とは、イコール集中力とも言えそうです。

つまり意志力が高い人は同時に集中力も高く、だからこそ多方面で高いパフォーマンスを発揮することができるのです。

この意志力の面白い性質のひとつに使えば使うほど消耗していくということがあります。

例えばある一日をとってみても意志力の強さは一定ではなく、何かを決断したり、意思決定をしたりするたびに、意志力は減っていってしまうのです。

だからといって、この意志力は体の筋力と似ていて使わないでいると段々と衰えていってしまいます。

しかし逆もまたしかりで、鍛えれば徐々に強くしていくこともできるのです。

なぜなら意志力を生み出すのは脳だからです。

脳には目的に応じて変化することができる神経可塑《かそ》性という性質があり、正しく鍛えることによって、それに適した神経回路を新しく増やしていくことができるのです。

では何をすれば、意志力を鍛えることができるのでしょうか。

それは普段意識しないで行っている行動を自制が必要な行動に変えることです。

簡単に言うといつもは何も意識せずとも自然にできることを、それに集中して意識して行わないといけないやり方にあえて変えてみることです。

例えば「かく」という作業も意志力のトレーニングに使うことができます。

通常右利きの人ならば当然字や絵は右手でかきます。

長年行ってきたことなので意識せず、スラスラとかくことができます。

これをあえて左手でかいてみるのです。

これまで字や絵をかくことに使ってこなかったため、当たり前ですが、とてもぎこちなく不安定です。

しっかりした字や絵をかこうとするには意識して集中することが必要になります。

このことが自制の力を鍛えるのです。

しかし、いろいろなことに支障をきたすので一日中利き手と反対の手でかくわけにはいきません。そこで一日のうちである時間だけに限り利き手と反対の手で字や絵をかくようにするのです。

日記のようにフリーに何かをかいてもOKですが、トレーニングとして考えるのならば手本の文字や絵をなぞってみるのもおすすめです。

意志力を鍛えるトレーニング

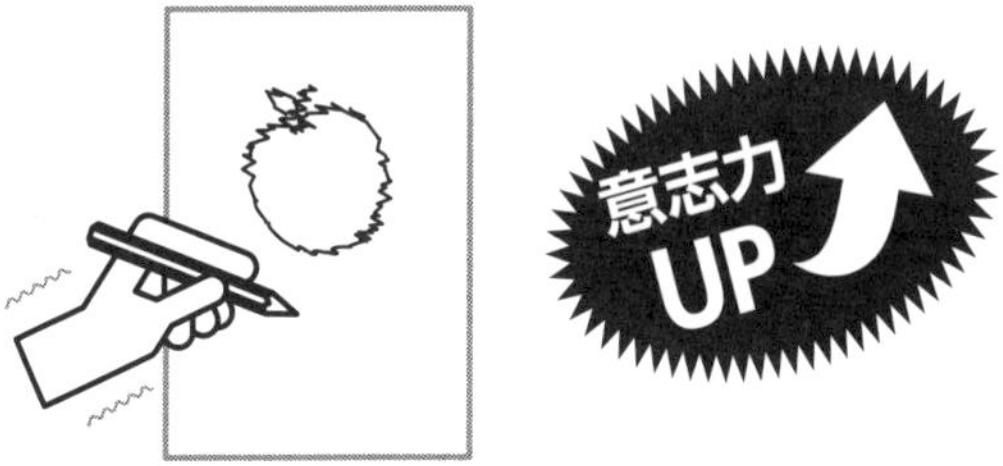

あえて利き手じゃない方で
字や絵をかいてみる

ジャグリングや楽器の演奏も集中力の
トレーニングになる

なぞるだけといってもかなりの集中を要します。

右手の神経は左脳、左手の神経は右脳につながっていますので、今まで使っていなかった脳の場所の活性化という点でも非常に有効です。

そういう点ではかくこととは離れますが、ジャグリングの練習や楽器の演奏なども利き手ではない方の手も使うので意志力のトレーニングになるでしょう。

私自身も振り返ると鍛えることで意志力がアップしてきたのだと思います。

そのコツは短い期間の小さなゴールをたくさん設定しておくことです。その小さなゴールの達成感を繰り返すことがモチベーションにつながり継続の後押しをしてくれるのだと思います。

5-2 感性を養う「描く」トレーニング

前の項で意志力を鍛えるためとして左手で「かく」トレーニングを紹介しましたが、これは見方を変えると、ある意味、脳に新しい回路を作る能力をアップするトレーニングともいえそうです。

この項でも同様に脳に新たな思考パターンを作るためのトレーニングを紹介します。

脳は経験や学習によっていろいろな種類の思考の枠組みを作り出します。

例えば電車の乗り方ひとつとってもそうです。

初めての路線を使う場合でも切符や電子マネーを使えば電車に乗れるというパターンを理解しているので戸惑わずに乗ることができるのです。

パソコンの基本操作なども同じです。

今まで Windows のパソコンを使っていて、新しく Mac に変えたとき、あるいはその反対の場合でも、基本操作が全くできないということはないでしょう。感覚的にある程度は操作できるはずです。

これもパソコン用の思考の枠組みがあるから可能なのです。

また本を読むときなどもたくさんの思考の枠組みを持っているからこそ、それらに照らし合わせることで本の内容の理解の助けになるのです。

このように思考の枠組みを利用すると課題に対してスムーズに処理することが可能になるため日常生活においては欠かせない能力なのですが、枠にとらわれすぎると今度は今までのパターンを打ち破って新しく何かを創造することの足かせにもなってしまう可能性もあります。

今までの殻を打ち破ってブレイクスルーを起こすようなアイデアは理性だけでは生み出すことはできません。

そこには感性の力も必要になってきます。

ところが通常の意識のモードでは常にこの理性が働き続けているため、なかなか感性だけを磨くことはできません。

感性を養うトレーニング

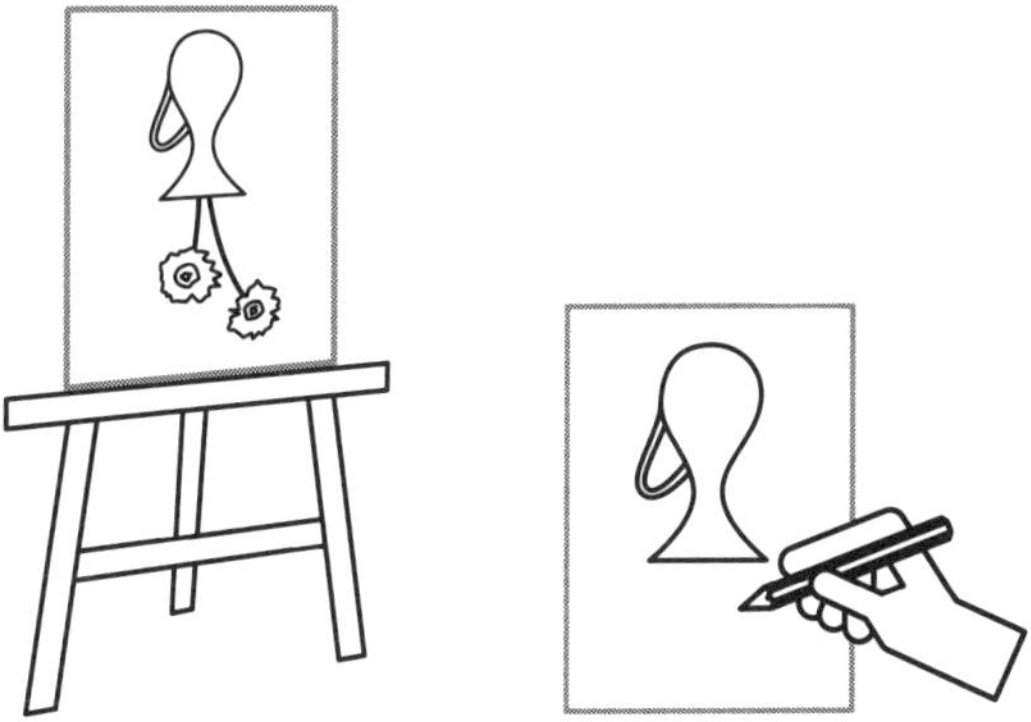

写真・絵を逆さまにして模写する

Point

「うまく描こう」などの
理性を排することで、
ありのままの感性で
描くことが
できるようになる。

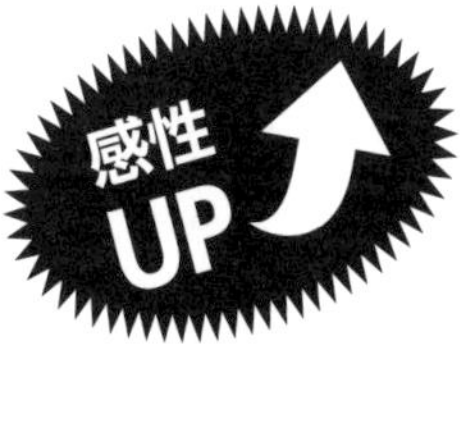

そこで今回は、この理性の働きを抑えて感性のみをトレーニングする方法をお伝えしたいと思います。

その方法とは絵を模写するトレーニングです。

模写する対象は写真でも誰かが描いた絵でも、イラストでも構いません。

ただしその対象となる絵の向きは上下逆さまにすることにします。

反対になった状態のまま、その絵を写すのです。

なぜそんなことをするかというと、通常理解できる向きの絵を写そうとすると、自分でも気がつかないうちに勝手に理性が働いてしまうからです。

例えば通常の向きで人の顔の絵を模写しようとします。

すると必ず自分のなかにすでにできている「人の顔とは」という思考の枠組みのフィルターを通ることになるのです。

するとその作品は純粋に絵の情報を写しているつもりでも、自分が持っている顔とはこういうものだという情報が付け加えられてしまうのです。

そこで対象の絵を上下反対にしてしまえば、記憶されている情報では認識することはできませんから理性が働く余地がなくなるのです。

最初のうちはあまり込み入っていない線画のような簡単なものからスタートしてみてください。

描き終わったものを上下反対にしてみたら、たぶん驚くだろうと思います。

理性を排除して感性だけを使って描くと非常にレベルの高い模写が出来上がっているはずです。

理性モードを発現させずに感性モードだけを使うことができるので、感性を養うトレーニングになるというわけです。

5-3 創造性を鍛える「書く」トレーニング

創造性を鍛えるためには「プライベートライティング」というトレーニングが有効です。

これは簡単に言ってしまうと、そのときに頭のなかで考えていること、例えば「眠いな」とか「今日は少し肌寒いな」などをそのままとにかく紙に書き出すという方法です。

書き出すといっても時間をかけてじっくり考えながら書いてはいけません。

このプライベートライティングの一番のポイントは「絶対に書く手を止めてはいけない」ということです。

なぜこのような制約を与えるかというと、以前も言ったように脳に時間を与えてしまうと勝手に理性が働いてしまうからです。

理性が働くと、「この文は論理的におかしい」とか「こんなことくだらない」などと判断して書くことを控えてしまうからです。

これを避けるためにあえて手を止めずに書き続けるのです。

理想としては脳と手が直結している感覚です。

なぜこの方法がおすすめなのかというとポイントは2点。

ひとつはアイデアの種を逃さないためです。

人の脳のなかでは毎日、常にものすごい数の思考が浮かんでは、流れていくというのを繰り返しています。

以前出てきた脳のメモ帳の機能を持つ「ワーキングメモリ」も容量は小さく、情報を保持できる時間も非常に短いため、すぐに内容は書き換えられていきます。

もしかすると、その流れていってしまった思考のなかに、重要なアイデアの元になるような種があったかもしれません。

その種を逃さないためにも、玉石混淆《こんこう》かもしれませんが、とりあえず頭のなかにその瞬間浮かんでいることをそのまま書き出せば、網の目からアイデアが漏れるのを防ぐことができます。

もうひとつがアウトプット能力の向上です。

このトレーニングを続けていくうちに文章をアウトプットするスピードと量が驚くほど向上します。

それは仕事における企画書や報告書の作成、またブログの記事を書く場合などにもその効果を実感することができます。

「アウトプット能力の向上はイコール創造性の向上」です。

要するにプライベートライティングのトレーニングを続けていくうちに創造性が自然に養われていくということです。

このプライベートライティングで効果を上げるためには行うにあたり原則があります。
①書いたものは人には見せない（これを決めておくことでためらわずにすみます）
②内容のレベルにはこだわらない（くだらない、非論理的、飛躍的、何でもＯＫ）
③必ず時間を決める（タイマーを利用すると効果的。最初は1分ぐらいから始め、慣

潜在的な創造力を解放する
プライベートライティング

創造力UP↗　**アウトプット力UP↗**

何から書いたら、いいだろうか。
この企画書をどうしたら通すことができるだろう。
前回は見にくいと言われたから、もう少し……
もう少し……デザインを見やすくしよう。……
・
・
・
・

Point

① 書いたものは誰にも見せない
② 内容にこだわらない
③ 必ず時間を決める（最初は1分から）
④ 手を止めない
⑤ 行き詰まったらそれを書き続けてもOK

れてきたら時間を増やす）

④決して手を止めない

⑤行き詰まったらそれを書き続けてもＯＫ（「ああ、行き詰まった」「書くことがない」などを新たな視点が見つかるまでつなぎとして書き続ける）

ぜひこのプライベートライティングのトレーニングであなたの潜在的な創造性を解放してください。

5-4 集中力を鍛える「書」のトレーニング

記憶力のトレーニングをしていくなかでわかったことがあります。

人は記憶力を含め様々な能力を持っていますが、それらの力を最大限に発揮するためには、そこにもうひとつ、ある能力が働いている必要があるのです。

その能力こそ「集中力」です。

各分野において先天的に才能があったとしても、集中力が低いままでは本来の能力を発揮することは不可能なのです。

そういう意味では集中力とは全ての能力の動力源ともいえそうです。

それがわかってからは集中力アップのための方法をたくさん試してきました。

そのうちにふと、ある思いが浮かんできました。

それは自分の集中力のレベルがどのぐらい向上しているのか、簡単に判断できるトレーニングがないものだろうかということです。

そうして思いついたのが「書」つまり「書道」だったのです。

なぜ書道を思いついたかというと自分のパフォーマンスの結果が文字として目で見て判断することができるからです。

すでに書道に携わっている人ならば、同意してもらえると思いますが、集中力が高い状態で書いた文字とそうでないときに書いた文字には必ず違いが出てきます。

それは線の太さであったり、勢いであったり、粘りであったり、また集中力が高いときは狙ったところにピタリと筆を運ぶことも可能になります。

初心者の私が言うのもおこがましいですが私のレベルであったとしてもイメージどおり筆が運べたときには、まるで居合で巻藁《まきわら》をスパッと切ったような爽快さがあります。

これらはすべて集中力が形になって文字として目に見えるからこそ判断が可能なのです。

つまり自分の書く書が上達していけばそれに伴って集中力も向上した証と言えるの

書道には集中力を上げる要素がたくさん入っている

① 集中力がそのまま字に表れる

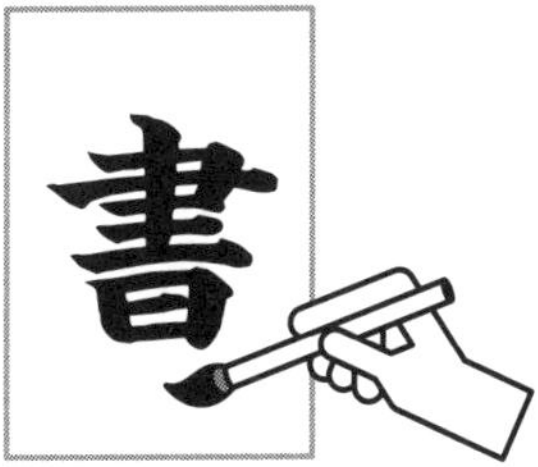
書

② 難しすぎても、易しすぎてもいけない
4%の難易度でフロー状態に入りやすい

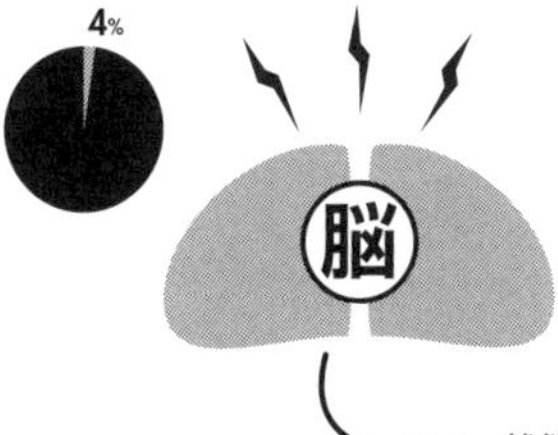
4%
脳
フロー状態は脳の
パフォーマンスを最高にする

ではないかと考えたのです。

また書道が集中力のトレーニングとして理想的な理由がもうひとつあります。

皆さんはフローという言葉を聞いたことがあるでしょうか？

フロー状態というのは簡単に言ってしまえば最高の集中力を発揮している状態のことです。

フロー状態に入ると脳が課題に対して最適な対応ができるように自動操縦してくれます。それにより最高のパフォーマンスを発揮することができるのです。

研究によりフロー状態に入るための条件がいくつかわかってきましたが、そのなかのひとつに「自分の実力よりも４％ほど高い難易度の課題に挑戦する」というものがあります。易しすぎてもまた難しすぎてもいけないのです。

剣道や茶道などのように「道」とつくものは何でもそうなのでしょうが、書道もどんなレベルの人も常に今より上のレベルを目指して鍛錬します。

この日頃の練習で目指しているレベルがちょうど４％高い難易度にあたるのではないかと実際に習い始めて感じました。

研究によるとこの4％高い難易度に対する課題を長く続けていくとフロー状態に入りやすい体質になることができるそうです。

集中力アップのトレーニングのひとつとして書道を始めてみるのはいかがでしょうか。

5-5 知識を使えるものにするトレーニング

学生時代に頭に入れたはずの知識が試験で出てこなかったり、社会人になってからは仕事でも会議やミーティングで議論している話題については知っているのに、内容の整理ができず発言できなかったりしたことはないでしょうか？

確かにそれらの知識は頭には入っていたのです。時間をじっくりかければもしかすると思い出せたり、内容をまとめることができたりしたかもしれません。

しかし、そういう知識にはあまり価値はありません。

必要なときにすぐに引き出すことができ、さらに即座に内容について説明できるレベルでなければ使える知識とは呼べないはずです。

なぜ頭に入っているはずの知識がなかなか出てこなかったり、整理するのに時間がかかってしまったりするのでしょうか。

これは脳の優秀さがかえってアダになっているケースなのです。

脳の性質として「ものごとの全体像を知りたがる」というのがあります。

脳は個々の知識よりもそれらが集まって形作る全体像を優先して覚えようとするのです。

この能力があるために何かを学習するときには効率よく新しい知識を学ぶことができるのですが、これはあくまで頭にインプットするための能力で知識をアウトプットするときにはうまく機能してくれないのです。

なぜならその全体像とは概念なので、モヤモヤしたかたまりのようなものだからです。

そんなイメージで保管されているため、いざ「言葉」としてアウトプットしようとしてもうまくいかないのです。

それを防ぐために頭のなかにある知識を「言葉」としてアウトプットすることを定期的に行っておくことが有効です。

そのためのトレーニングとしておすすめするのが「1分間ライティング」です。

用意するものはペンと紙とタイマーです。

鉛筆やシャープペンシルは書いている途中で芯が折れてしまうとトレーニングを中断させてしまうので、できるだけペンを使ってください。

紙はA4のコピー用紙が使い勝手がよいです。これを横長の向きで使用します。

タイマーは設定時間になったら音で知らせてくれるタイプのものを使います。

まずは用紙の左上の位置にキーワードを記入し、目立つように線で四角に囲みます。

そこまで準備できたら、タイマーを1分にセットして、スタートボタンを押して開始します。

ここからは以前紹介した「プライベートライティング」のようにキーワードに関する知識や自分の考えを手を止めずに紙に書き続けます。

途中で何も出てこなくなっても「書けない、書けない、書けない」とか「何も出てこない、出てこない、出てこない」など正直に今の状態を書きつづるのです。

なぜそのようなことをするかというと、このトレーニングの目的が時間をかけて新しい知見を作ることではなく、その時点で頭のなかに入っていることのみに焦点を当

知識を使えるものにする 1分間ライティング

本能寺の変

織田信長が明智光秀のむほんによって死亡。
信長は自分で火をはなって自害。
年号は、年号はなんだっけ。
この変の報せをうけた秀吉は、戦の最中だったが、
すぐに講和をまとめてすぐに……

・
・
・
・

Point

理解度UP

① キーワードを左上に書き、タイマーを1分にセット

② キーワードに関する知識や自分の考えを止めずに書き続ける。何も出てこなくても「書けない」など頭のなかの言葉をすべて書く

③ 書いた内容から自分はどこまで理解できているかがわかる

ててアウトプットすることにあるからです。

脳からスムーズに降りてきた知識は使える知識ということです。

目安として1分間のタイマーが鳴るときまで、迷いなく書き続けることができ、さらにまだ書き続ける内容が残っているならばそのキーワードに関しては合格といえるでしょう。

もしあまりうまくいかなかったとしても、その結果から自分が何を理解できていなかったかをフィードバックすることができます。

その足りない部分を補完しておけば知識のグレードアップが図れます。

おわりに

自分自身のことは案外わかっていないことの方が多いものです。

本書のテーマになる要素はすでに自分のなかにあったにもかかわらず、人から言われるまでは、全くその存在に気づいていませんでした。

それは記憶力も含め、脳の力を充分に引き出すためには、「手で書く」という作業がとても有効であるという視点です。

「池田さんは5度も記憶力日本一になったほどなので、頭のなかだけの作業でいろいろなことを処理しているのかと思っていましたが、案外『書く』という作業を多用しているのですね」

こう言われて初めて、仕事をこなしたり何かを勉強したりしていくなかで「書く」という作業が大きな比重を占めていることを認識させられたのでした。

自分にとってはあまりにも当たり前のことになっていたので、実は盲点だったのですね。

「はじめに」にも書きましたが、同じ内容をメモするのでも、PCやスマートフォンに入力するのと手で書くのとでは感覚は全く違います。

これは個人的な意見ですが、手書きの方は脳のなかにあるフィルターのようなものを通過している感覚があります。

そのフィルターが刺激されることにより脳が活性化していると自分では考えています。

それに対してPCへの入力はその刺激を感じません。

しかしもともと外部記憶装置としての役割も持ちつつ発達してきたコンピューターの使い方として、それはそれでいいのかもしれません。

私ごときがここでとやかく言うまでもなく、歴史をひもといてみればレオナルド・ダ・ヴィンチやエジソン、アインシュタインなど時代を変えるような発明、発見をしてきた賢人たちは例外なくメモ魔です。もちろん手書きです。

現代の最先端のエンジニアでさえ、アイデアの最初のきっかけは紙のはしやホワイトボードに書きつけた手書きのメモということが結構多いのではないでしょうか。

どんなに技術が進化したとしても、人類がこれまで手を使い脳を刺激し進化してきたように、「手で書く」という行為が今後も素晴らしいアイデアの種を生み出していくのは間違いないことでしょう。

今回本書を書くにあたり、私のなかに新しい切り口を見つけてくださった編集の寺西鷹司さんには心より感謝申し上げます。

本書を手にした皆さんが私同様「手書き」によって素晴らしい成果をあげられますことを心より願っています。

２０１８年６月　池田義博

〈著者プロフィール〉
池田義博（いけだ・よしひろ）
グランドマスタージャパン代表。大学卒業後、大手通信機器メーカーにエンジニアとして入社。その後、学習塾を経営。塾の教材のアイデアを探していたときに出合った記憶術に惹かれ学び始める。このとき、記憶力を競う記憶力日本選手権大会の存在を知り出場を決意。独学での練習の末、初出場した2013年2月の大会で優勝し記憶力日本一となる。その後、14年、15年と3連覇。17年、18年も優勝し、出場した5回すべてで記憶力日本一に。また、13年12月、ロンドンで開催された世界記憶力選手権において、日本人初の「記憶力のグランドマスター」の称号を獲得する。著書に『世界記憶力グランドマスターが教える 脳にまかせる勉強法』『世界記憶力グランドマスターが教える 脳にまかせる超集中術』（ともにダイヤモンド社）などがある。

記憶力日本一を5度獲った私の
奇跡のメモ術

2018年6月5日　第1刷発行
2020年3月15日　第2刷発行

著　者　池田義博
発行人　見城 徹
編集人　福島広司

GENTOSHA

発行所　株式会社 幻冬舎
〒151-0051　東京都渋谷区千駄ヶ谷4-9-7
電話　03（5411）6211（編集）
03（5411）6222（営業）
振替　00120-8-767643
印刷・製本所　中央精版印刷株式会社

検印廃止

ISBN978-4-344-03304-7　C0095
幻冬舎ホームページアドレス　https://www.gentosha.co.jp/

この本に関するご意見・ご感想をメールでお寄せいただく場合は、
comment@gentosha.co.jpまで。